Zu diesem Buch

«Wenn in einer Beziehung das Bedürfnis, ‹Ich
liebe dich› zu sagen oder ‹Liebst du mich?› zu fragen, immer größer wird, dann hat es schon irgendwelche Risse gegeben.» (Miriam)

Was haben Frauen heute über die Männer und den
Mann zu sagen? Dieser Frage geht Marina Gambaroff nach. Das heißt: über Erlebnisse mit Männern nachzudenken, besonders intensive Begegnungen mit Männern zu beschreiben. Das heißt
auch, Träumen und Mythen nachzugehen, Wünsche und Hoffnungen auszusprechen.

Marina Gambaroff, geboren 1943 von russisch-
armenischen Eltern in Berlin. Studium der
Psychologie, Theaterwissenschaft und Slawistik,
Besuch einer Schauspielschule. Ausbildung zur
Psychoanalytikerin in Berlin und Gießen. Dozen-
tin am Gießener Psychoanalytischen Institut.
Lebt und praktiziert in Frankfurt am Main.

Marina Gambaroff

Sag mir, wie sehr liebst du mich

Frauen über Männer

Rowohlt

rororo zu zweit
Lektorat Barbara Wenner

Veröffentlicht im Rowohlt Taschenbuch Verlag GmbH,
Reinbek bei Hamburg, November 1990
Copyright © 1987 by Rowohlt Verlag GmbH,
Reinbek bei Hamburg
Umschlaggestaltung Nina Rothfos / Barbara Hanke
Gesamtherstellung Clausen & Bosse, Leck
Printed in Germany
980–ISBN 3 499 18817 1

Für U. G.

Inhalt

Prolog

Da wurde ihr Gesicht in der Dämmerung so weiß wie eine Vogelfeder, und ihr Mund, der rot wie eine Kirsche blieb, fragte: «Wie sehr liebst du mich?» Darauf sagte Lanzelot: «Ich liebe Euch mehr als mich selbst und mehr als alles auf der Welt. Die Erde lebt nur, weil Ihr lebt, ich lebe nur, weil ich Euch liebe.»

Sie fragte ihn wieder, was sie ihn gerne fragte: «Sage mir, Lanzelot, wie sehr liebst du mich?» Und Lanzelot vom See sagte diesmal: «Ich liebe Euch mehr als die Rosen, die man in Corbenic streut, mehr als den Sammet aus Achmardi, der den Gral verhängt.»

«Sage, mein Lanzelot vom See, wie sehr liebst du mich?» – «Ihr seid mir teurer als alles Gold, das der Tajo in seinem Ufersand mit sich führt, als alle Edelsteine, die Indien hervorbringt, ich liebe Euch mehr als die Schätze der Welt.»

Wieder und wieder las ich die Geschichte vom Ritter Lanzelot und der Königin Ginevra, den Liebesroman vom Artushof. Nicht satthören konnte ich mich an den Liebesschwüren des Lanzelot. Und ich kuschelte mich an mein Kissen, träumte vom Erwachsensein, von der Begegnung mit einem Mann, der mich lieben sollte wie der Tau die Rose, wie die Wolke den Abendhimmel, wie die Welle den Strand. Dem ich

7

begierig immer wieder die eine Frage stellen würde: Sag mir, wie sehr liebst du mich? Und in unverdrossenem Hingerissensein würde er mir antworten: «Ich liebe dich wie der süße Wein den achatenen Becher, meine Königin.» Ja, selbstsicher und stolz würde ich fragen. Wie eine Königin! Wie Ginevra!

Und als es endlich soweit war, fragte ich wie eine Bettlerin.

Perspektive

«Sind nicht vielleicht gerade ich und du in einem Traum gefangen, von dem wir noch nicht erwacht sind?» (Dschuang Dsi). Das Bewußtsein von dem, was ein Paar, was Liebe zwischen den Geschlechtern sein könnte, dämmert noch in uns, ist unerweckt. Manchmal wohl auch ein Alptraum. Mythisch und unperspektivisch nennt es Jean Gebser.

Sich ein Bild machen heißt eine Perspektive haben, Aussicht, Hoffnung. Haben wir das, wenn es ums Paar geht? Welches Bild haben Männer von Frauen, Frauen von Männern, welche Traumbilder?

Perspektive entsteht durch ein Subjekt, das einen Standpunkt einnimmt, durch das anvisierte Objekt und durch den Raum zwischen beiden. Eine Paardefinition – und sicher nicht die schlechteste – lautete also: zwei Subjekte, zwei Objekte, Raum. Aber damit hat es seine Schwierigkeiten: Denn wieviel Perspektive haben Frauen? Und haben Männer Durchblick?

Sich ein Bild machen vom Mann. War das nicht immer verboten? Mußten sich Frauen nicht jahrtausendelang fügen, mußten sie nicht die Augen niederschlagen vor all den Männerbildern, die ihnen aufgezwungen wurden? «Das ist dein Mann, dein Herr und Gebieter, dem du in Treue und Gehorsam zu dienen hast.» Natürlich spürten die Männer, was den Frauen gefiel. Aber gefiel ihnen nicht, was ihnen gefallen sollte? Eine unlösbare Frage.

Frauen haben lange gebraucht, bis sie sagen konnten, was sie *nicht* wollten. Was sie wollen, ist noch schwerer zu sagen. Das braucht seine Zeit.

Wunschbilder sind immer jenseits der Realität. Spielt das eine Rolle? Es geht darum, diese Bilder in sich zu finden, sie zum Ausdruck zu bringen. Denn unsere Phantasien gestalten unsere Realität. Und es geht um die Auseinandersetzung mit der Realität des Geschlechterverhältnisses: um Begegnung, Vereinigung, Abgrenzung, Veränderung, um neue Mischung. Denn der Verzicht auf Ideale, Wünsche, Phantasien wäre neuerliche Anpassung.

Frauen scheuen sich, offen als Subjekt aufzutreten, Männer vermeiden es, sich als Objekt zu zeigen. Nehmen wir die Paardefinition – zwei Subjekte, zwei Objekte, Raum – ernst, dann zeigt sich, wie sehr durch die Polarisierung Frau als Objekt, Mann als Subjekt eine wechselseitige Paar-Perspektive behindert ist.

Doch befördere ich nicht ein Klischee? Trennen wir nämlich den emotionalen Bereich vom öffentlichen, dann verschiebt sich einiges. Im Emotionalen sind die Frauen Subjekte, da sollen sie ja Experten sein und die Männer Greenhorns. Schon wieder ein Stereotyp? Was jedoch die öffentliche Macht anbelangt, sind die Männer die Täter und die Frauen – objektiv betrachtet, subjektiv empfunden – die Opfer. Aber auch dies ist nur der gängige Raster, denn wir können auch sagen, die Männer seien ebenfalls Opfer, Opfer eines gesellschaftlichen Systems, dessen von Männern gemachte patriarchale Strukturen schon längst die Männer selbst unterdrücken.

Es ist eine wenig nützliche und gefährliche Vereinfachung, wenn so globale Feststellungen getroffen werden wie: Frauen sind immer nur Opfer, Männer sind immer nur Täter. Und genauer differenziert wird nicht. Das hat z. B. dazu geführt, nie weiter darüber nachzudenken, ob die Frauen einen Anteil an ihrer jahrhundertelangen Unterdrückungsgeschichte hatten. Heißt es nicht, die Frauen nicht wirklich ernst zu nehmen, wenn man ihren möglichen Anteil total ausblenden muß? Die Rolle des Opfers ist eine unwürdige Rolle. Ich sage dies nicht, um aus einer unerträglichen, nur passiven Rolle eine aktive zu machen, damit das Ausgeliefertsein weniger bedrohlich würde, und schon gar nicht, um die Schuld an ihrer Unterdrückung den Frauen zuzuschieben.

Ich sage dies, weil ich glaube, daß unser unbewußtes Handeln aus einer Matrix heraus gesteuert wird, die tiefer liegt als alle Aufspaltungen. Jeder Erkenntnisprozeß wird nicht nur behindert, sondern geradezu vereitelt durch starre Gegensatzbildungen wie Aktivität und Passivität, Macht und Ohnmacht, Täter und Opfer. Es erschiene mir zu einfach, die Polarität von Weiblich und Männlich mit den Kontrastbegriffen von Verstand und Gefühl, Subjekt und Objekt, Härte und Weichheit, Klarheit und Verwirrung, Logos und Eros, Ordnung und Chaos, apollinisch und dionysisch und was es da noch geben mag, gleichzusetzen. Solche Gegensatzpaare können nützlich sein, um, zumindest vordergründig, befriedigende Erklärungsmuster zu liefern. Aber sind sie einmal zementiert und haben ihren tendenziellen Charakter verloren, werden sie in ihrer unaufhebbaren Einschränkung erdrückend und nehmen einem mit ihrem apodiktischen Anspruch den Atem.

Die Sprache selbst ist weise. Nehmen wir das schöne Wort «Hingabe». Ist Hingabe nicht der Inbegriff von Passivität? Und doch ist das Hingeben bei genauerer Betrachtung etwas Aktives, ein Handeln, ein Tun. Vielleicht haben Männer und Frauen wegen der Vieldeutigkeit dieses Geschehens so viele Schwierigkeiten mit der Hingabe. Sprachlich wird, quasi als Konterbande, als Schmuggelgut, das Wissen um die Aufhebung der Gegensätze weiterbefördert. Ich wünschte mir, über eine Sprache in Paradoxen zu verfügen: eine Sprache, die es mir möglich machte, Zusammenhänge so darzustellen, daß immer auch der Gegensatz dessen, was gesagt wird, aufscheint. Denn dieses Buch wird durch viele Widersprüche in Bewegung gehalten: durch die Erkenntnis, daß die Liebe zwischen Mann und Frau nicht alles ist, und durch die trotzdem fortbestehende Sehnsucht danach, daß die Liebe alles sein möge; durch die Tatsache, daß unsere Liebesvorstellungen und Liebesdefinitionen Ergebnis unserer historischen Situation sind und die Hoffnung, daß Liebe zu sich selbst zu bringen sei; durch die Befürchtung, daß es keine wirkliche Geschlechterliebe geben kann, solange es keine wirkliche Menschenliebe gibt, und das Wissen, daß die Geschlechterliebe die Manifestation einer umfassenderen Liebe ist.

Klingt das pathetisch? So soll es nicht weitergehen. Ich schätze Konkretes. Darum war es mir wichtig, was Frauen heute über Männer zu sagen haben, wenn sie über konkrete Erlebnisse mit Männern nachdenken, besonders intensive Begegnungen mit Männern beschreiben, Träume, Wünsche, Hoffnungen aussprechen. Dabei gilt es auch, sich der Ambivalenzen, soweit das möglich ist, bewußtzuwerden: all das an Sehnsüchten und Ängsten, Beglückungen und Beleidigungen entstehen zu lassen, was Frauen lieben und hassen läßt. Und auf die Antwort der Männer neugierig zu sein.

Frauen über Männer

Gespräch

«Seitdem ich das Unbewußte studiere, bin ich mir selbst so interessant geworden. Schade, daß man sich für's Intime immer den Mund verschließt.»

Sigmund Freud in einem Brief an seinen Freund Wilhelm Fließ

MIRIAM: Seit der Trennung von meinem Mann war schon längere Zeit vergangen. Ein Jahr der Trauer lag hinter mir und mehrere halbherzige Versuche, neue Beziehungen einzugehen. Ein milder Pessimismus war zu meiner Grundstimmung geworden. Aber eine Sache trieb mich immer wieder zur Verzweiflung: Warum schlich sich in all meine neuen Liebesgeschichten unweigerlich die körperliche Erinnerung an das Zusammensein mit meinem Mann? Es war, als säße er mir noch unter der Haut. Bei jedem neuen Mann, und wenn ich noch so verliebt war, kam der Augenblick im Bett, in dem ich – manchmal innerlich fluchend – dachte: am schönsten war es noch immer mit Jan. Mir war, als zerrte ich jaulend an einer Kette und könnte mich nicht befreien. Ich liebte meinen Mann nicht mehr, das wußte ich sicher. Aber er steckte mir noch im Körper. Da war er der Herr und ich der Hund.

SUSANNE: Aber das ist doch eigentlich klar, wenn man so lange zusammen ist und sich alles aufeinander eingespielt hat. Ich habe eine andere Schwierigkeit gehabt. Wenn ich einen Mann noch nicht gut kannte, war ich immer ziemlich gehemmt. Ich beschäftigte mich dann ständig damit, ob ich ihm auch gefalle, ob er mich begehrenswert oder langweilig findet und ob ich zum Orgasmus kommen würde oder nicht. Früher war das ganz schlimm! Immer mit dem Kopf dabei. Ihr könnt euch vorstellen, daß das der Liebe nicht gerade zuträglich war.

MIRIAM: Bei mir war es so, daß ich schon kurz davor war, überhaupt jeder neuen sexuellen Begegnung auszuweichen, weil ich die unvermeidliche Erinnerung an meinen Mann befürchtete, wodurch mir meine heillose Verstrickung nur immer wieder bewußt wurde. Das machte mich hilflos, wütend und für viele Tage depressiv. Und dann geschah ein Wunder. Ich traf einen Mann, den ich schon vorher einmal bei Freunden gesehen hatte. Aber er war mir so aschfahl, grau und erschöpft erschienen. Hände weg, habe ich damals gedacht. Als ich ihm dann wieder begegnete, habe ich ihn zuerst gar nicht erkannt. Er war auf der Tanzfläche, tanzte für sich allein und hatte mir den Rücken zugekehrt. Ich blieb gebannt stehen und betrachtete diesen einsamen Tänzer. Die Musik ging ohne Widerstand durch ihn hindurch. Er bewegte sich so selbstverloren, mit einer für einen Mann ganz ungewöhnlichen Anmut. Noch nie hatte ich jemanden so völlig im Einklang mit Musik gesehen. Ich habe ihn immer nur angeblickt und dabei wohl gelächelt. Er muß meine Blicke gespürt haben, denn er drehte sich um und lächelte zurück. Er bewegte sich auf der fast leeren Tanzfläche auf mich zu und lächelte. Ein großer Zauber ging von diesem rückhaltlos offenen Lächeln aus. Ich war hingerissen. Wir haben lange Zeit miteinander getanzt, wortlos, in vollkommener Übereinstimmung der Bewegungen, als sei der eine der Spiegel des anderen. Die Musik machte uns zu zwei Federn, die im selben Rhythmus durch die Luft schweben. Irgendwann sind wir dann in meine Wohnung gegangen. Dort haben wir Kräutertee und Cognac getrunken. Eine eigenartige Mischung. Und dann sind wir zusammen ins Bett. Erst war ich scheu, aber meine anfängliche Ängstlichkeit verflog unter seinen Händen.

Ich war ganz konzentriert auf diesen Fremden, der mir so vertraut erschien. Mit ihm erlebte ich ein erotisches Universum. Ich spürte, wie ich meinen Mann, wie ich Jan aus meinem Körper zu entlassen begann. Wie ich frei wurde für einen neuen Menschen. Ich versank in Seligkeit. Danach lag er in mei-

nen Armen. Ich hatte die Augen geschlossen. Ich
fühlte seinen ganzen Körper, und er war ein warmer,
atmender, jadegrün leuchtender Kristall. Ein lebendiger Kristall! Lange hielt ich dieses Wesen in meinen
Armen. Als ich die Augen wieder öffnete, lag neben
mir ein schlafender Mensch.

SUSANNE: Weißt du, woran mich dein grüner Tänzer
erinnert? An El Khidr, den Grünen Engel. Er begegnet dem Reisenden in der Wüste, begleitet ihn eine
Weile, bringt ihn auf einen neuen Weg. Und plötzlich
ist er wieder verschwunden.

RUTH: Wie bald ist er denn entschwunden?

MIRIAM: Nein, nein, ganz so mystisch war es nicht.
Und so schnell entschwunden ist er auch nicht. Aber
die Phantasie, daß er ein Engel gewesen sein könnte,
das entspricht völlig meinen Gefühlen, die ich damals
zu diesem Mann hatte. Und er hat mich ja auch
tatsächlich in etwas Neues hineingeführt.

SUSANNE: Daß es gerade im Sexuellen oft so schwer
ist, die alte Beziehung ganz hinter sich zu lassen! Ich
habe ja auch viele Jahre mit meinem Freund zusam-
mengelebt, viel länger, als ich eigentlich wollte. Ich
habe den Absprung einfach nicht geschafft. Ich finde,
daß ich es mir besonders schwer gemacht habe. Ich
hatte mich in eine Konstellation verbissen, von der ich
einfach nicht lassen konnte. Und wenn ich das von
heute aus betrachte, dann sehe ich: das Ganze war von
Anfang an vorgezeichnet. Georg war ja der erste
wirklich wichtige Mann in meinem Leben. Ich hatte
zwar schon einige Freunde gehabt, aber er hat mich
bei meinen Eltern rausgeholt. Ich wollte dringend
von zu Hause weg, aber schaffte den Absprung nicht.
Irgendwie traute ich mich nicht, allein zu leben. Da
habe ich mich eben in Georg verliebt. Er war ein paar
Jahre älter als ich und hatte so eine Sicherheit. Er

wußte, wo's langging im Leben. So erschien es mir wenigstens, und ich glaube, er tat auch einiges dazu, diesen Eindruck zu verstärken.

RUTH: War das so einer, der schon wußte, wie schnell und wo er Karriere machen würde?

SUSANNE: Nein, nein. Georg war nicht so ein phantasieloser Karrieretyp. Na hör mal! Da hätte ich mich auch gar nicht verlieben können. Mir hat sein Wissen ungeheuer imponiert. Er stand damals kurz vor dem Examen und hat gelesen wie ein Besessener, und ich war seine faszinierte Zuhörerin. Er hat mir viel über mich erklärt: ziemlich bald wußte ich gut über die Fixierung auf meine Eltern Bescheid, das hatte er mir genau auseinandergesetzt. Es hing mit meiner Geschwisterposition und der langen Krankheit meiner Mutter zusammen. Und natürlich mit meiner Unsicherheit in meiner Geschlechtsidentität.

MIRIAM: Und du bist natürlich voll darauf eingestiegen. Unsicherheit in der Geschlechtsidentität! Daß ich nicht lache. Auf dem Gebiet kann man alle zappeln lassen. Da ist doch jeder empfindlich!

RUTH: Darauf eingestiegen! Drück's nicht so harmlos aus! Die Psycho-Tour war schon immer eine der besten Methoden, eine Frau für sich zu begeistern und gleichzeitig den Daumen draufzuhalten. Aber sie ist auch nicht unbeteiligt daran: Sie war es doch, die ihn zum großen Zampano gemacht hat, zum Alleswisser, der ihr total überlegen ist. Und ihm hat das gefallen.

SUSANNE: Schon möglich. Ich war zwar zu Hause ausgestiegen, aber bei ihm bin ich in die große Abhängigkeit eingestiegen. Ich wußte damals ja auch wirklich nicht genau, wer ich überhaupt war. Alles, was ich fortan gemacht habe, mußte seinen Segen haben: meine Art, mich zu geben, zu denken, zu fühlen.

Auch meine Kleidung, meine Frisur, mein Aussehen. Überhaupt meine ganze Erscheinung, mein ganzes Wesen, ich, alles.

RUTH: Hattest du denn keine Freundin? Wenigstens für die Klamotten? Über so etwas habe ich mich immer mit meinen Freundinnen ausgetauscht. Dazu brauchst du doch Frauen, keinen Mann.

SUSANNE: Ja, eigentlich seltsam. Ich hatte damals keine Freundin. Ich war total männerorientiert. Und da Georg für mich der Inbegriff aller Männer war, habe ich mich völlig nach ihm gerichtet.

RUTH: Du mußt ja richtig blind gewesen sein damals. Dem hast du ja, wenn er ihn nicht schon hatte, seinen Pygmalion-Komplex förmlich aufgedrängt!

MIRIAM: Etwas so absolut Ungewöhnliches ist das nun auch wieder nicht. Wissen wir doch alle!

SUSANNE: Von heute aus betrachtet war ich wirklich blind. Mir kommt jetzt noch die Galle hoch, wie er Lob und Tadel ausgeteilt hat. Wenn ich in seinen Augen besonders feminin zurechtgemacht war, wurde ich gelobt. Gefiel ihm was, dann sagte er immer: «Gelobt, Süße!» Und ich war selig! Aber ich konnte mir auch sehr leicht seine Mißbilligung zuziehen. So trug ich eine Zeitlang eine große, schwere Armbanduhr, und das hat er dann zum Anlaß genommen, mir «maskuline» Seiten vorzuwerfen. Eine Frau, die maskulin war, was immer das sein mochte, war etwas ganz Entsetzliches für ihn. Ich wollte für ihn natürlich die weiblichste Frau der Welt sein.

RUTH: Also, sag mal, ich bin ja völlig erschüttert!

SUSANNE: Was meinst du, wie ich erst erschüttert war, wenn ich seinen Vorstellungen von Weiblichkeit nicht entsprach. Er zeigte mir dann andere Frauen, die in seinen Augen besonders feminin waren, und ich kam mir dann so tolpatschig vor, so klobig, so ganz ohne Schmelz. Jedenfalls eine Elendsgestalt im Vergleich zu diesen Göttinnen.

RUTH: Sag bloß, daß der Kerl mit diesen anderen auch noch ins Bett gegangen ist.

SUSANNE: Mit einigen schon. Ich hatte dann immer das schreckliche Gefühl, es läge daran, daß ich so unweiblich bin. Ich hatte direkt Verständnis für ihn, daß er als Mann mal einer richtigen Frau begegnen wollte und nicht so einem Zwitter wie mir.

RUTH: Wenn ich das schon höre! Der hatte Angst vor dir. Der hat doch krampfhaft versucht, das Männchen zu spielen. Der wußte noch viel weniger als du, ob er Männlein oder Weiblein war.

MIRIAM: Das ist doch bekannt, daß gerade die, die am unsichersten sind, welches Geschlecht sie denn nun haben, die Welt ganz besonders strikt in männlich und weiblich aufteilen müssen!

SUSANNE: Das weiß ich inzwischen auch. Aber damals fehlte mir der Durchblick. Ich habe hilflos gezappelt in einem Netz von Vorstellungen über Weiblichkeit und Männlichkeit. Und schließlich hing mein ganzes Selbstwertgefühl, meine ganze Existenz von Georg ab. Ich hatte im Sexuellen nicht soviel Erfahrung, als ich ihn kennenlernte, während er schon etliche Beziehungen hinter sich hatte.

RUTH: Und da hast du ihn dann zu deinem Lehrmeister in Liebesdingen gemacht. Er wird vermutlich nichts gegen diese Rolle gehabt haben.

SUSANNE: Er konnte mich in alles einführen, mir Welten eröffnen. Mein einziges erotisches Kapital war meine Neugier, meine Bereitschaft, mich auf alles einzulassen. Ich glaube, das hat ihm ein bißchen imponiert, daß ich so wenig zickig war und alles mitgemacht habe im Bett. Auch wenn ich mich selber dabei so manches Mal überfordert habe. Aber ich wollte nun mal das unerfahrene Mädchen so schnell wie möglich hinter mir lassen. Ich brannte ja darauf, von ihm anerkannt zu werden, von ihm begehrt zu werden. Ich habe ihn förmlich angebetet und hatte immer die Angst, all den anderen wunderbaren Frauen in seinem Leben nie das Wasser reichen zu können.

RUTH: Er der Guru, du die anbetende Jüngerin. Ein wundervolles Spiel! Fragt sich, wie lange so was gutgeht und für beide Seiten befriedigend bleibt. Ständig angebetet zu werden, muß doch genauso langweilig sein wie ständig nur anzubeten.

SUSANNE: Es ging eine ganze Weile gut. Ich habe viel von Georg profitiert und war ihm ungeheuer dankbar. Er hat mir ja auch in anderen Bereichen geholfen, weiterzukommen, hat mir im Beruf Mut gemacht, mich unterstützt. Nur in der Sexualität, da hatte er mich am Gängelband. Da war ich, was mein Selbstwertgefühl anbelangt, völlig von ihm abhängig. Wenn ich nur schwer oder gar nicht zum Orgasmus kam, fühlte ich mich furchtbar unglücklich, denn das offenbarte ja doch wieder nur die Probleme mit meiner Weiblichkeit und vermehrte meine Angst, andere Frauen seien viel begehrenswerter. Für einen Mann wie Georg wollte ich eine Aphrodite sein. Das, meinte ich, war das erotische Niveau, das einem Mann wie ihm entsprach.

RUTH: Ich bin wirklich neugierig, wann du endlich an deinen Haß rangekommen bist. Oder hast du vor lauter Idealisieren und Selbstentwerten keine Zeit dazu gehabt?

SUSANNE: Haßausbrüche hatte ich schon, aber meist zur falschen Zeit, am falschen Ort. Das hatte nur wenig Effekt, im Gegenteil, ich setzte mich ins Unrecht, und Georg konnte sich schlecht behandelt fühlen. Es hat lange Zeit gedauert, bis die Rollenverteilung irgendwann doch nicht mehr so glatt geklappt hat. Ich begann, mich angemessener zu wehren, am richtigen Ort, zur richtigen Zeit. Das tat mir gut. Das tat uns beiden gut. Wir haben dann für ein paar Jahre eine ganz gute Plattform gehabt. Ich wurde ja auch selbstsicherer.

MIRIAM: Hattest du denn selber nie irgendwelche Affären?

SUSANNE: Doch, doch. Das kam natürlich auch irgendwann. Aber da ging es mir lange Zeit so wie Miriam. Georg blieb in der Sexualität der Idealpartner für mich. Und mit der Frage, ob ich überhaupt begehrenswert sei, habe ich mich ja auch anderen Männern gegenüber gequält.

RUTH: Na, dann mußte er sich ja durch deine Affären auch nicht besonders bedroht fühlen. Schade, hätte ich ihm eigentlich gegönnt!

SUSANNE: Ach, im Gegenteil. Er war dann immer so gönnerhaft: Ich sollte ruhig mal Umschau halten in der Männerwelt, schließlich hätte ich was nachzuholen. Und es wäre ja auch ein Zeichen dafür, daß ich meiner gehemmten Lebensfreude endlich mal freien Lauf ließe und nicht depressiv herumhängen müßte.

RUTH: Wenn du mich fragst, ist das eher eine Art Selbstschutz. Möglichst cool mit den Dingen umgehen, dann tut es wenigstens nicht weh. Ja, ja, wenn's mit der Coolness mal nicht so klappt, dann werden solche Männer ganz schön empfindlich. Mein ehemaliger Freund, der Klaus, hat mir mal gestanden, er habe sich vor allem darum endgültig von mir getrennt, weil er nicht immer wieder daran erinnert werden wollte, daß er den entsetzlichsten Wutausbruch seines Lebens in meiner Gegenwart gehabt hatte.

MIRIAM: Hast du ihm das denn ständig unter die Nase gerieben?

SUSANNE: Nein, ich habe sie anders verstanden: Er konnte nicht ertragen, daß sie gesehen hat, wie er die Beherrschung verliert. Sie war sozusagen die Zeugin seiner «Schande».

RUTH: Ja, so was in der Richtung ist es wohl gewesen. Er war ja normalerweise immer kontrolliert. Wenn wir Streit hatten, hat er mir so ganz von oben herab mein kindisches Verhalten erklärt. Immer der Überlegene.

SUSANNE: O Gott, wie ich sie hasse, diese durch und durch beherrschten Figuren mit ihren vernünftigen Reden, die sich nicht trauen, ihren Haß mal offen zu zeigen.

MIRIAM: Willst du etwa immer so einen völlig unbeherrschten Kerl vor dir haben, der dich halb umbringt?

SUSANNE: Nun fall doch nicht gleich ins andere Extrem. Was ich nicht ausstehen kann, ist diese Fassade von Überlegenheit und Ungerührtheit. Diese Gesten des Mitleids einer Frau gegenüber, die mal wieder außer Kontrolle gerät, die Arme. Diese Haltlosigkeit, diese Übertreibung von Frauen, die man dafür auch noch verachten kann. Mich bringt das in Rage, weil ich jahrelang auf diese Fassade bei Georg reingefallen bin.

MIRIAM: Aber so sind doch nicht alle Männer.

RUTH: Hat sie ja auch nicht behauptet. Aber auf meinen Freund trifft das schon ziemlich genau zu. Der fand es unerträglich, vor meinen Augen total ausgerastet zu sein. Da war er seiner Sprache nämlich wirklich nicht mehr mächtig. Er hat nur noch Laute von sich gegeben, die so unheimlich waren, wie wenn ein Taubstummer zu schreien anfängt. Könnt ihr euch das vorstellen? Er war seiner Sprache nicht mehr mächtig! Es hätte ein Triumph für mich sein können.

SUSANNE: War es doch sicher auch. Das kannst du mir nicht erzählen, daß das kein Triumph für dich gewesen ist.

RUTH: Ich weiß nicht. Kann sein. In dieser Situation hatte ich Angst. Bin weg und hab mich eingeschlossen. Hätte mich am liebsten richtig verbarrikadiert. Ich hatte Angst, er könnte mich umbringen.

MIRIAM: Na, findest du nicht, daß du jetzt ganz schön übertreibst?

RUTH: Ich hatte wirklich verrückte Phantasien. Also, vielleicht war es doch ein Triumph. Immer war es bei Streitereien so verteilt gewesen zwischen uns, daß ich die Furie war, alle möglichen Sachen durch die Gegend pfefferte oder Geschirr zerschmiß, während er dann immer noch kontrollierte, geschliffene, scharfe Sätze rausbrachte, die mein Verhalten kommentierten. Wenn ich so richtig in Wut war, konnte ich nur noch wie ein Waschweib schimpfen, unzusammenhängend, unflätig. Aber komischerweise habe ich meine Sprache nie total verloren. Wenigstens Idiot, Arschloch, Scheißkerl konnte ich noch schreien. Und er – er hatte plötzlich wirklich keine Sprache mehr! Er gab nur noch gurgelnde Laute von sich, führte einen beängstigenden Tanz auf, wie ein Geisteskranker. Ich weiß nicht – er hatte keine Worte und damit keine Maske mehr. Vielleicht hatte er nicht einmal mehr ein Gesicht.

MIRIAM: Da hast du ihn völlig schutzlos gesehen. Er hatte ja wirklich sein Gesicht verloren. Vielleicht kann er dir das nicht verzeihen?

RUTH: So muß es wohl gewesen sein. Es hat ihn vielleicht wirklich durcheinandergebracht, daß er durch mich in diese Lage gekommen ist. So wollte er sich selbst nicht sehen und erst recht nicht von mir gesehen werden. Ich glaube, ich habe bis heute noch nicht so ganz begriffen, warum das so schlimm für ihn war. Im Gegenteil, ich hatte mir von diesem Vorfall sogar irgendwie mehr Gleichgewicht in der Beziehung erhofft. Es hätte mich entlastet, wenn nicht immer nur ich allein die haltlos Wütende hätte sein müssen. Damit meine ich nicht, daß ich mir für jeden größeren Streit solche Szenen gewünscht habe. Um Gottes willen! Aber für mich war dadurch etwas ins Lot gekommen.

MIRIAM: Für deinen Freund ganz offensichtlich nicht. Für den ist dadurch alles nur ärger zwischen euch geworden, für ihn war alles aus dem Lot geraten.

RUTH: Ja, er hat dann wieder ganz rigoros das Visier runtergeklappt. Ich hab nur gespürt, wie er mich dafür gehaßt hat, daß ich seine Kontrolle unterlaufen hatte. Und wie ich ihn gehaßt habe für diese verdammte Panzerung aus Souveränität und Beherrschung.

SUSANNE: Oh, diese elende Souveränität! Da bin ich ja auch immer vollkommen aufgelaufen. Ich wollte doch um jeden Preis erreichen, daß Georg eifersüchtig wird. Aber diesen Gefallen hat er mir natürlich nicht getan.

MIRIAM: Der wäre doch sonst in den Keller gegangen!

SUSANNE: Das hat aber meine Verklammerung mit Georg auf eine ganz fatale Weise verstärkt. Er sollte wenigstens einmal Eifersucht zeigen! Das wäre endlich der Beweis meiner Wichtigkeit für ihn gewesen. Es war so entsetzlich kränkend, nie wirklich zu genügen, sich immer so viel Mühe geben zu müssen.

MIRIAM: Also, entweder du brauchst das Gefühl, unzulänglich zu sein, weil du eine Masochistin bist, oder er mußte dir dieses Gefühl vermitteln, um dich in Schach zu halten. Vielleicht trifft sogar beides zu.

SUSANNE: Endlich wäre ich das Gefühl losgewesen, nur zweite Wahl für ihn zu sein. Das hat mich so an ihn gekettet, dieses ständige Darauflauern, wenigstens einmal die Nummer eins für ihn zu sein. Einmal die heftig Begehrte, die Traumfrau! Immer waren das andere gewesen. All das ein einziges Mal für diesen Mann sein, und ich wäre erlöst gewesen. Was habe ich nicht für Anstrengungen unternommen, dieses Ziel zu erreichen. Ich habe gekämpft mit allen Mitteln. Auch mit Anpassung und Anbiederung, mit Haßausbrüchen und Depressionen.

Es ist noch gar nicht lange her, da hörte ich einen Satz, der mich sehr bewegt hat. Da war genau mein Problem angesprochen, das mich so viele Jahre behindert hat. Der Satz lautet: Sei in der Liebe wie ein Kaiser und nicht wie ein Bettler! Wißt ihr, was das heißt, nicht mehr das Gefühl zu haben, um jeden Liebesbeweis wie um ein Almosen betteln zu müssen?! Nicht mehr die aberwitzige Vorstellung zu haben, ohne die Zuwendung des andern verhungern zu müssen?!

MIRIAM: Oh, ich weiß genau, was du meinst. Alles schrumpft zu einer armseligen Angelegenheit zusammen. Die Liebesäußerungen des anderen werden gierig zusammengekratzt wie Brosamen und reichen doch nie aus, dich zufrieden zu machen.

SUSANNE: Die Welt bekommt einfach ein anderes Gesicht, wenn du freigiebig wie ein Kaiser deine Liebe herschenkst, vom kostbaren Wert deiner Gefühle überzeugt.

MIRIAM: Für den Bettler sind die Brosamen vom Tische des Reichen nie genug, um wirklich satt zu werden. Da muß ja unweigerlich eines Tages der Haß kommen: des Hungernden auf den Satten, des Unzufriedenen auf den Zufriedenen, des Armen auf den Reichen, des Bettlers auf den Kaiser. Wer will schon immer auf den Knien rutschen müssen um eine milde Gabe?

RUTH: Das kann doch aber auch ein ganz eingefuchstes Spiel bei einem Paar sein. So eine Art Sado-Maso-Konstellation: Da gibt's einen Reichen, der angeblich alles hat, und ein armes Schwein, das bitten und betteln muß. Und insgeheim sind beide zufrieden mit dieser genialen Verteilung der Liebesgüter. Also, zu meinen Idealvorstellungen gehört das jedenfalls nicht. Mag ja sein, daß das für so manches Paar befriedigend ist, aber mir ist eine Beziehung zwischen Kaiser und Kaiserin entschieden lieber!

SUSANNE: Es ist aber auch eine Zumutung, sich dem anderen immer nur in Lumpen, als Elendsgestalt zu zeigen. Du mußt natürlich erst mal dahinterkommen, daß du mit deinem ständigen Jammer den anderen auch fertigmachen kannst. So eine Gleichrangigkeit ist viel wert für beide. Also, wenn schon nicht Kaiser und Kaiserin, dann wenigstens Bettler und Bettlerin!

MIRIAM: Da kann man dich ja nur beglückwünschen, daß du nicht mehr in so einer schiefen Beziehung gefangen bist.

SUSANNE: Ich glaube, man muß uns beide, mich und Georg, beglückwünschen. Denn wenn's so schief und verquer für mich war, muß für ihn ja auch was nicht gestimmt haben.

RUTH: «Edel sei der Mensch, hilfreich und gut . . .» Ich hätte eine Wut auf den Kerl, nichts weiter!

SUSANNE: Das hat mit edel überhaupt nichts zu tun. Schon eher was mit Befreiung. Ist doch klar, daß ich auf Georg auch einen Riesenzorn gehabt habe. Aber das Gefühl der Befreiung überwiegt nun mal alles andere. Aus so einer Verstrickung herauszukommen, das ist für mich wie ein zweites Leben. Es hat sich alles sehr langsam dahin entwickelt. Ich hatte vorhin schon gesagt, wie schwer es mir fiel, im Sexuellen die Bindung an Georg ganz hinter mir zu lassen. Ich war schon einige Monate mit meinem jetzigen Freund, mit Jakob, zusammen, als mich plötzlich der Zorn packte. Warum dachte ich noch immer voller Verklärung daran? Es hatte doch gerade im letzten Jahr unseres Zusammenseins auch ziemlich viel Unzufriedenheit auf meiner Seite wegen unserer Sexualität gegeben. Wieso hatte ich das fast vergessen?

RUTH: Also das verstehe ich jetzt nicht. Ich denke, es war für dich immer so ideal mit ihm.

SUSANNE: Ich muß das erklären. Obwohl das Gefühl der Unzulänglichkeit Georg gegenüber nie völlig verschwand, fühlte ich mich irgendwann anderen Frauen gegenüber nicht mehr ganz so unterlegen. Das machte sich auch im Bett bemerkbar. Wir haben angefangen, so richtig miteinander zu harmonieren. Das ging mit meiner Schwangerschaft los. Wir haben uns beide sehr auf das Kind gefreut. Ich fühlte mich einfach soviel besser in meiner Haut! Ich wurde mir auch immer klarer über meine sexuellen Wünsche und Vorlieben. Ich war sicher, wir könnten in der Liebe noch ganz andere Horizonte entdecken, könnten noch viel weiterkommen. Ich hatte eine ganz optimistische Phase. Ich war von uns beiden als Paar überzeugt. Aber mit der Zeit merkte ich, ohne es mir zunächst selbst eingestehen zu wollen, daß ich alles ein bißchen stereotyp fand. Es hatten sich halt ein paar Praktiken und Positionen bei uns eingespielt. Alles lief gut, war auch befriedigend, aber irgendwie immer gleich.

RUTH: Wie bei einem alten Ehepaar, dem nichts Neues mehr einfällt.

SUSANNE: Nein, richtig fad war's nicht. Das ist nicht die Erklärung, denn wir waren oft sehr schön zusammen. Und trotzdem fehlte etwas. Es lief immer so ab, daß erst ich zum Orgasmus kam, und dann legte Georg los. Ich merkte mit der Zeit, daß da auch was Unverbundenes war. Ich fing an, Georg darauf aufmerksam zu machen. Mehr und mehr wünschte ich mir, auch mal gleichzeitig mit ihm zum Orgasmus kommen zu wollen, diese Form der Gemeinschaft mit ihm zu erleben.

RUTH: Da bin ich aber mal neugierig, was der große Lehrmeister dazu gesagt hat.

SUSANNE: Du wirst lachen, aber dem war das gar nicht so richtig aufgefallen, daß wir den Höhepunkt nie gemeinsam erreichten. Er meinte, es sei doch hin und wieder so gewesen, obwohl ich beschwören kann, daß es nie der Fall war. Mich hat das ziemlich irritiert. Weder war es ihm aufgefallen, noch war es ihm – wie es schien – ein Bedürfnis, und schon gar nicht war es ihm ein Problem.

MIRIAM: Aber das finde ich ja schon ziemlich seltsam, daß ihr das so unterschiedlich wahrgenommen habt.

RUTH: Vielleicht hat er von Erotik längst nicht soviel Ahnung wie du, meine Liebe! Aber aus dem Blickwinkel hast du es garantiert noch nie betrachtet!

SUSANNE: Ja, da hatte sich tatsächlich was verschoben. Ich traute mich, unzufrieden zu sein und was von Georg zu erwarten.

RUTH: Und das auch noch in seiner absoluten Domäne, der Erotik. Ganz schön ungebührlich!

SUSANNE: Na ja, selbst bei mir ist es eines Tages soweit gewesen, daß ich auf allen möglichen Ebenen mehr und mehr zu problematisieren begann. Und dann habe ich mich auch an den sexuellen Bereich herangetraut. Ich habe versucht, diese eigenartige Diskrepanz unserer Wahrnehmungen zu verstehen. Daß wir eine so wesentliche Sache so unterschiedlich erleben konnten, wollte mir nicht in den Kopf. Und ich hab auch versucht zu begreifen, was es im Gefühlsleben eines Paares heißt, wenn die zwei einen Orgasmus gemeinsam erleben.

RUTH: Gemeinsam zum Orgasmus kommen zu wollen, ist das nicht ein ziemlich hoch gestecktes Ziel? Viele sind doch froh, wenn's überhaupt klappt.

MIRIAM: Also, ich hab die Susanne nicht so verstanden, daß es ihr um irgendwelche ehrgeizigen sexuellen Ziele ging oder um Leistungsdruck. Ich hab das Gefühl, ihr ist etwas Grundsätzliches an der Beziehung deutlich geworden. Das muß doch was heißen, wenn ein Paar keine größeren Schwierigkeiten im sexuellen Erleben hat und sich trotzdem nie ein gemeinsamer Orgasmus ergibt. Klar, daß sich so was nicht vom Kopf her steuern läßt. Aber ich denke schon, daran läßt sich etwas erkennen über die Art der Beziehung.

SUSANNE: Also, bei Georg und mir wurde mir einfach klar, daß wir beide durch unser sexuelles Arrangement – damit meine ich, erst komme ich, dann nach einer Weile er – etwas verhindern wollten. Ich schätze, wir hatten Angst, gemeinsam in den Orgasmus zu fallen.

RUTH: Du meinst, da war euch beiden irgend etwas unheimlich?

SUSANNE: Ja, so ungefähr. So, als müßte immer einer von beiden den Kopf behalten, damit der andere alles loslassen kann. Verstehst du, einer muß immer die Stellung halten, damit der andere sich auflösen kann.

MIRIAM: Und sich gemeinsam aufzulösen hieße dann, daß die Situation völlig ohne Kontrolle wäre. Daß man in etwas hineingeraten oder hineinstürzen könnte, was völlig unbekannt wäre.

SUSANNE: Ja, aber da wollte ich unbedingt hin, in dieses Nowhere-Land. Ich war sicher, dort würden sich uns die schönsten Landschaften auftun. Da würde etwas entstehen, wovon wir noch keine Ahnung hatten. Ich war endlich soweit, den Sprung zu wagen.

RUTH: Und dein lieber Georg hat da als hartgesottener Controletti natürlich nicht mitgemacht! Da hätte er sich ja überraschen lassen müssen.

MIRIAM: Das finde ich gehässig. Vielleicht ging's bei den beiden nicht, weil die Beziehung anderweitig nicht mehr gestimmt hat. Wenn ich mit jemand Schwierigkeiten habe, warum soll ich mich dann ausgerechnet im Sexuellen ins paradiesische Nowhere-Land begeben. Und wer weiß, ob's überhaupt im Paradies liegt und nicht noch weiter weg? Oder ganz nah. Now here, in der absoluten Gegenwart.

SUSANNE: Ich muß Miriam Recht geben. Zwischen Georg und mir war das wohl einfach nicht mehr möglich. Was heißt, nicht mehr? Vielleicht wäre es nie möglich gewesen! Wir haben mit einem so starken Gefälle in der Beziehung angefangen und haben das so lange Zeit konserviert, daß wir uns gegenseitig einfach zuviel verbaut haben. Insgeheim denke ich manchmal schon, sein Unbewußtes hat mehr gekniffen als mein Unbewußtes.

MIRIAM: Aber es kann natürlich sein, daß er es mit anderen Frauen erlebt, daß es ihm nicht grundsätzlich verschlossen ist, sondern nur in der Beziehung zu dir.

SUSANNE: Das kann ich mir inzwischen auch vorstellen, ohne daß es mich kränkt. Mir ist klargeworden, daß ich nicht grundsätzlich zweite Wahl bin. Ich muß nicht mehr soviel darüber nachdenken, ob ich nun attraktiv bin oder nicht.

MIRIAM: Wißt ihr, wie ich das sehe? Natürlich vorausgesetzt, ich bin in einer guten Verfassung. Dann mag ich mich selber gut leiden und spüre, daß ich für einige attraktiv, vielleicht sogar sehr attraktiv bin. Dann kann ich auch akzeptieren, daß ich es für andere weniger oder überhaupt nicht bin. Es funkt einfach unterschiedlich. Immer nur durch andere, seien es nun Männer oder Frauen, im eigenen Selbstwertgefühl bestätigt und bestärkt werden zu müssen, ist so was Schreckliches. Natürlich passiert es auch, daß man leider so verdreht ist, gerade demjenigen am verzweifeltsten hinterherzulaufen, der einen am meisten verunsichert, der einen kleinhalten oder sogar richtig degradieren muß. Also, daß man so verdreht sein kann, gerade daran dann ganz besonders festzuhalten!

SUSANNE: Das kommt mir bekannt vor. Weil's so schön ist, sich zur Schnecke machen zu lassen. Und wenn's kein anderer tut, dann schafft man es notfalls auch alleine.

RUTH: Ihr schwelgt ja geradezu im Masochismus. Das ist nicht gerade meine Vorliebe. Mich interessiert mehr, wie es mit Susanne und dem neuen Freund weitergegangen ist. Und wann sie ihren Georg nun endlich in den Wind geschossen hat.

MIRIAM: Auf Georg bist du ja wirklich nicht gut zu sprechen!

RUTH: Mich macht da etwas ganz wütend! Auch auf Susanne. Wenn sie Georg nicht immer so angebetet hätte, hätte sie vielleicht früher gemerkt, daß sie Kraft hat. Und er hätte vielleicht auch was davon gehabt, hätte ja auch mal was von ihr lernen können. Wer weiß, ob er sich nicht manchmal danach gesehnt hat?

SUSANNE: Ich erlebe so einen Austausch mit meinem neuen Freund viel intensiver und sehe einfach die Unterschiede im Umgang miteinander.

MIRIAM: Ihr beide habt ja auch mit ganz anderen Voraussetzungen angefangen. Du bist doch heute eine ganz andere Frau, als du es vor Jahren mit Georg warst.

SUSANNE: Natürlich, schließlich bin ich ja nicht umsonst älter geworden! Ich bin viel sicherer, ich weiß nun besser, was ich will und was ich nicht will. Und fühle mich auch als Frau nicht mehr so unsicher. Na ja, scheu bin ich am Anfang mit Jakob auch gewesen. Ich muß mich einfach vertraut machen mit einem neuen Körper. Ich werde leider mein Lebtag keine überwältigende erste Liebesnacht erleben! Dafür muß man mir Zeit lassen. Aber mit Jakob ist es dann sehr schön geworden. Gerade im Sexuellen habe ich mich bald wie eine Königin gefühlt. Und als wir auch noch gleichzeitig zum Orgasmus gelangten, war ich selig.

RUTH: Ich habe immer ein bißchen Angst, daß eine Beweihräucherung daraus wird. So in der Art: Wenn wir einen Orgasmus gemeinsam erleben, dann haben wir endlich die höheren Weihen. Alles andere verblaßt daneben und soll plötzlich keinen Wert haben.

SUSANNE: So habe ich das nicht gemeint. Ich bin doch nicht mehr so blöd und setze irgendwelche Leistungsnormen für sexuelle Reife. Die Zeiten sind vorbei, als ich mich mit so was noch gequält habe!

MIRIAM: Davon halte ich allerdings auch nichts. Es kann schließlich besonders schön sein, gerade nicht gleichzeitig den Höhepunkt zu erreichen, um beim eigenen Orgasmus vom anderen ganz viel Aufmerksamkeit zu bekommen. Zum Beispiel ganz intensiv angeblickt zu werden dabei. Oder selber dem Partner gleichsam in die Augen hineinzufallen. Und durch die Augen ins Herz hinein.

RUTH: Oder daß du deinen Partner dabei erlebst, wie er durch dich zergeht.

MIRIAM: Es kann doch auch sein, daß ich mal ganz für

mich sein will und den anderen emotional nicht zu nah an mich ranlasse. Oder der Orgasmus wird auch mal völlig unwichtig. Da lassen sich nun wirklich keine Regeln aufstellen.

SUSANNE: Ich bin ja völlig eurer Meinung. Ich wollte nur klarmachen, daß es unterschiedliche Erlebnisqualitäten gibt. Mit Georg war es oft so schön. Wir konnten uns gegenseitig großen Genuß verschaffen, und ich war danach glücklich. Ich hatte wunderbare Phantasien dabei. Ich lief ihm durch lichte, maiengrüne Wälder entgegen, gelangte in prächtige Blumengärten ... Aber eine letzte kleine Reserve blieb immer. Mir war das ja lange Jahre gar nicht aufgefallen. Da war ich viel zu sehr damit beschäftigt, ihn von mir zu überzeugen und darauf zu hoffen, von ihm begehrt zu werden.

RUTH: Mit anderen Worten, du hast ein bißchen zu sehr deinen eigenen Narzißmus gepflegt.

SUSANNE: Ich weiß nicht genau, wie du das meinst. Vielleicht war ich wirklich zu sehr bei mir, konnte nicht selbstvergessen genug sein in Georgs Gegenwart. Wie auch immer! Jedenfalls ist diese unendlich tiefe Süße mit Jakob irgendwo in meinem Inneren und dieses selbstverständliche Ineinander-Aufgehen etwas überwältigend Neues für mich. So als könnten wir beide gleichzeitig alle inneren Barrieren aufgeben.

MIRIAM: Was du eben «tiefe Süße» genannt hast, das erinnert mich an die konzentrierte Stille, die ich von meinem Grünen Engel, wie ihr ihn nennt, gelernt habe. Stefan und ich haben manchmal schweigend in enger Umarmung auf dem Bett gelegen und nur die Ströme gespürt, die durch unsere Körper zogen. Wir waren aufgeladen wie Hochspannungskabel, aber überhaupt nicht verkrampft. Wenn ich die Augen schloß, hatte ich das Gefühl, wir fliegen.

RUTH: Also doch ein wirklicher Engel. Oder hattet ihr ein paar Hilfsmittel?

MIRIAM: Es ging auch ohne Hilfsmittel. Das war ja gerade der Wahnsinn! Ich muß gestehen, hin und wieder habe ich gedacht, er würde mich hypnotisieren. Da drang eine Kraft so tief in meinen Körper hinein, und ich wußte nicht, wo sie herkam, ob er es, ob ich es war. Energie ging wie eine nicht enden wollende Spirale in mich hinein, dehnte, drehte und streckte mich. Nach langem ungläubigem Staunen begriff ich endlich, daß unser Zusammensein diese Kraft auslöste. Wir hatten eine Sprache der Körper gefunden, aber es waren eben nicht nur die Körper, die sich da wortlos und mit gewaltiger Intensität austauschten. Ich hatte eine unendliche Bereitschaft, alles geschehen zu lassen, komme, was da wolle. Einmal, als wir wieder ganz still aneinandergeschmiegt dalagen, im selben Rhythmus atmend, erfaßte uns ein gemeinsamer Orgasmus. Das hatten nicht wir gemacht, da war etwas mit uns geschehen.

SUSANNE: Und um dich war es auch geschehen!

MIRIAM: Ja, das hat mich für lange Zeit in den Bann dieser Beziehung gebracht. Da war eine ganz besondere erotische Aufmerksamkeit füreinander. Das habe ich so mit keinem anderen erlebt.

SUSANNE: Ja, diese Stille! Das war auch so ein neuer Kontinent, den ich mit Jakob betreten habe. Ein Zusammensein ohne alle Heftigkeit. Der Mann in dir, ohne äußere Bewegung. Und beide achten darauf, was mit ihnen geschieht. Wenn du ihn so in dir fühlst, dann kommst du in Räume, wo das Vögeln aufhört und tiefstes, innerstes Entzücken beginnt. Das hatte ich auch mit Georg ausprobieren wollen: diese Stille, die bewegungslose Stille. Aber da wollte er nicht

mitmachen. Meine «allzu großen passiven Neigun-
gen» hat er darin gesehen.

RUTH: Das kann ich grad leiden! Was man selber nicht
kennt oder wovor man womöglich Manschetten hat,
erst einmal denunzieren. Sportlich aktives Rammeln
bringt einen Mann ja auch weniger in Verlegenheit.
Wenn da zwischen den beiden seelisch wenig läuft,
fällt es wenigstens nicht auf, und Spaß kann es beiden
trotzdem noch bringen.

SUSANNE: Sportliches Rammeln. Also, das ist doch
nicht die einzige Alternative! Ich finde, mit dieser Art,
dich auszudrücken, marschierst du manchmal über
alles so hinweg. Da muß ich Georg direkt in Schutz
nehmen. Der hatte schon auch eine Menge Einfüh-
lung. Nur auf diese Stille wollte er sich nicht einlassen.
Vielleicht auch gerade mit mir nicht. Aber du hast
schon recht, wenn bei dieser konzentrierten Stille kein
wirklicher Kontakt entsteht, dann wird es schnell
trist. Dann öffnen sich keine Schleusen, dann ver-
sickern die Gefühle.

MIRIAM: Ich kann mir schon denken, daß das für viele
Männer eine ungewöhnliche, wenn nicht sogar unge-
mütliche Vorstellung ist: einfach nur so eingestöpselt
und nichts weiter tun. Aber auch für viele Frauen. Das
ist zwar noch keine direkte Umkehrung der üblichen
Rollen, aber ein äußerlich so wenig aktiver Mann
könnte ja direkt unmännlich wirken. Ich erinnere
mich, wie mir mal vor vielen Jahren ein Freund ir-
gendwas von Tantra und Ganz-anders-Zusammen-
sein vorgeschwärmt hat. Den hab ich ziemlich skeptisch beäugt und ihm unterstellt, er würde nur eine
Ausrede suchen für seine mangelnde Courage, mit
einer Frau mal richtig heftig und zupackend zu sein.
Vermutlich habe ich ihm unrecht getan. Vielleicht
habe ich mir damals den ersten Neuen Mann durch

die Lappen gehen lassen. Na ja, das ist lange her. Und als junges Mädchen hatte ich überhaupt völlig andere Bilder im Sinn. Da träumte ich, diesem wilden Räuber im Wald zu begegnen, der mich auf sein Pferd reißen, mich entführen und zu seiner Herzallerliebsten machen würde. Er hatte wilde, schwarze Locken, leidenschaftliche Augen, blitzende Zähne, ein übermütiges Lachen, einen goldenen Ohrring, und außerdem ging er bravourös mit dem Degen um und war von allen sehr gefürchtet.

SUSANNE: Dich aber liebte er mit Leidenschaft.

MIRIAM: O ja, er liebte mich im Wald, am Feuer, in seiner Räuberhöhle. Er hatte mir ein Lager auf Teppichen bereitet.

SUSANNE: Und wenn er fortritt, wartetest du sehnsüchtig. Bei mir war es übrigens ein Pirat. Vermutlich hatte er die gleichen blitzenden Zähne, wilden Locken, leidenschaftlichen Augen. Nur sein Kostüm war anders. Natürlich liebte er mich heftig, trug mich auf seinen Armen zum Schiff, bettete mich unter heißen Küssen auf ein Lager aus Seidenkissen und kreuzte mit mir auf allen Weltmeeren.

RUTH: Da bin ich ja geradezu ein Ausbund an Realismus gewesen. Meinen Traummann gab's wirklich! Das war ein junger Möbelpacker, der uns bei einem Umzug half. Trotz seines schlanken Körpers trug er ungeheure Gewichte. An seinen Handgelenken hatte ich aufregende Lederbandagen entdeckt, die schienen das Geheimnis seiner Anziehungskraft zu enthalten. Ich stellte mir vor, mit welcher Heftigkeit er mich an sich reißen, wie er mir unter tausend Küssen immer wieder seine Liebe beteuern und wie ich, seiner Leidenschaft nachgebend, zerfließen würde. Der ist viele Jahre durch meine Phantasien gegeistert.

MIRIAM: Ja, auf meinen Räuberhauptmann habe ich

auch viele Jahre gehofft! Ich bin damals häufig lange ausgeritten, im Wald, ganz für mich allein. Diese einsamen Ritte eigneten sich vorzüglich für all die wundervollen Träumereien. Und konnte ich denn wissen, ob der Räuber nicht vielleicht doch gerade in unseren Wäldern sein Unwesen trieb? Ich hätte es mir nie verziehen, wenn ich ihm nicht möglichst viel Gelegenheit gegeben hätte, mich zu entführen. Ich erinnere mich, wie ich eines Tages eine Waldschneise in schnellstem Galopp hinunterpreschte, berauscht von dem Einklang meines Körpers mit dem des Pferdes und von der Geschwindigkeit. Ich war voller Entzücken. Ich blickte in den Himmel, und plötzlich spürte ich, daß ich keine dunklen Augen mehr hatte, sondern blaue. Blaue Augen. Ich schrie, ich sang, ich jubilierte. Und dann hatte ich keine Augen mehr, die Augenhöhlen schienen sich geweitet zu haben, so daß der ganze Sommerhimmel durch mich hindurchflutete. Ich hatte mich zum Blau des Himmels aufgelöst.

RUTH: Du schilderst das als große Beglückung. Mir hätte das Angst gemacht, glaube ich. So eine Veränderung meiner normalen Körperempfindungen wäre mir unheimlich gewesen.

SUSANNE: Aber das erleben wir doch alle in der Liebe! Ich muß aber gestehen, fremd sind mir diese Ängste nicht. Mit meinem ersten Freund hatte ich ein seltsames Erlebnis. Es war ein Mitschüler. Zum Schmusen verkrochen wir uns im Park in die Büsche. Es wurde mit dem Schmusen immer ernster. Mein Körper wurde mir mit seinen Gefühlen so neu und unvertraut. Ganz eng lagen wir beieinander, vielleicht lag er auch schon auf mir, als plötzlich ein großer Mann in langem, schwarzem Cape und tief ins Gesicht gezogenem Schlapphut in unserer Nähe stand. Voller Panik stieß ich meinen Freund von mir. Wer war das?

Was war das? Ich habe gezittert. Ich hatte eine Halluzination gehabt. Jedenfalls hat der Schwarze Mann unser erstes ernsthaftes Liebemachen erfolgreich verhindert, und mein armer Freund war voller Groll.

MIRIAM: Der Schwarze Mann, das war der Pirat, der sich gerächt hat, weil du ihm nicht mehr die Treue hieltest.

SUSANNE: Stellt euch vor, unsere Traummänner würden lebendig. Wo kämen wir da hin? Und wohin unsere Partner?

RUTH: Es stimmt schon, daß die Frauen es den Männern auch nicht immer leichtmachen, aus den alten Klischees herauszukommen. Wenn ich daran denke, wie anders ich früher die verschiedenen Stellungen beim Verkehr erlebt habe! So waren für mich alle Positionen, wo ich unten lag, völlig in Ordnung. Obendrauf zu sein war ein Wagnis. Dazu mußte ich entweder beschwipst sein und entsprechend mutig, oder der Mann hatte es sich ausdrücklich gewünscht. Aber eigentlich kam ich mir da oben zu einsam vor, so auf mich selbst gestellt. Ich habe mir dann mit einer Messalina-Phantasie geholfen. Als Messalina durfte ich so viele Sklaven vernaschen, wie ich wollte, und es geziemte sich in meiner kaiserlichen Würde natürlich nur, die obere Position einzunehmen.

SUSANNE: Als wenn's auf gleicher Ebene nicht ginge. Von dir hätte ich das nicht gedacht.

RUTH: Die Zeiten sind gottlob vorbei. Mehr und mehr bin ich da oben heimisch geworden. Inzwischen kriege ich Probleme mit Männern, bei denen ich spüre, daß sie Schwierigkeiten haben, auch mal unten zu liegen. Die halte ich für feige, weil sie Angst haben, zur Passivität verdammt zu sein und von einer Frau vergewaltigt zu werden. Da ist bei mir gleich alles Interesse erloschen.

MIRIAM: Dabei muß das doch gar keine passive Stellung für einen Mann sein. Unten sein heißt doch nicht wie ein Holzklotz daliegen. Unten sein heißt ja nicht, entmännlicht, heißt nicht, «unterlegen» zu sein.

RUTH: Natürlich nicht. Aber ich muß gestehen, daß ich erschrocken war, als Jochen – wir waren damals noch nicht verheiratet – in dieser Lage plötzlich wie eine Frau die Beine hochmachte und sagte, er wolle von mir gevögelt werden. Da habe ich mich zunächst wie ein Mann gefühlt, und das war gar nicht so toll. Dann hab ich gemerkt, daß ich Angst hatte, einen Mann, der die traditionelle weibliche Stellung einnimmt, aktiv zu vögeln. Das war zuviel für mich. So radikal hatte ich Aktivität und Passivität nicht umverteilen wollen. Plötzlich war mir nicht mehr klar, wem denn nun der Schwanz gehört: ihm oder mir, oder ob er das Verbindungsglied zwischen uns beiden war und keinem allein gehörte, sondern uns beiden zu gleichen Teilen. Und dann passierte etwas Unerwartetes: Was ich zuerst als schockierenden Rollenaustausch erlebt hatte, sprengte überhaupt die Fixierung auf unsere Rollen. Plötzlich ging es mir darum, dem anderen und mir Lust zu verschaffen, völlig gleichgültig, ob in aktiver oder passiver, ob in männlicher oder weiblicher Weise. Ich war nur noch hingegeben ans Geschlecht. Ob Mann, ob Frau – die Frage stellte sich nicht mehr. Und aktiv oder passiv? Völlig uninteressant!

MIRIAM: Ich glaube, ich habe etwas Vergleichbares erlebt. Mein Mann hat früher manchmal Aktfotos von mir gemacht. Das hab ich immer sehr stimulierend gefunden. Mir wäre es aber nie in den Sinn gekommen, nun meinerseits ihn zu fotografieren, obwohl ich wußte, wie wichtig ihm sein Körper war und daß er ihn gerne zeigte, und obwohl ich seinen Körper auch schön fand. Aber bei Stefan war das anders. Seine Nacktheit hat mir ans Herz gegriffen, hat mir viele Male den Atem genommen. Wie gerne hätte ich ihn gemalt! Oder ihm eine Hymne auf den Leib geschrieben, wenn ich's gekonnt hätte.

RUTH: Und da hast du Fotos von ihm gemacht.

MIRIAM: Ja, mich hat es beflügelt, auch das Subjekt der Begierde zu sein. Ich glaube, es sind schöne Bilder geworden.

SUSANNE: Wie hat sich denn Stefan verhalten? Fand er das gut, dein Modell zu sein?

MIRIAM: Ich war überzeugt, es würde ganz leicht und unverkrampft gehen. Aber so einfach war es nicht. Er schien verwirrt. Zu hören, wie begehrenswert ich ihn finde, hat ihn natürlich beglückt, aber auch verlegen gemacht. Auf jeden Fall wußte er nichts dazu zu sagen. Und das Fotografieren selber war auch nicht immer einfach. Da haben wir eine Weile gebraucht, bis wir uns eingespielt hatten. Ich wollte ja nicht nur einfach knipsen, sondern wollte die Bilder arrangieren. Ich wollte mit ihm umgehen wie mit einem Geschöpf von mir, wollte über seinen Körper und seine Nacktheit verfügen.

SUSANNE: Wenn du das so erzählst, merke ich, wie mir das Lust und Angst macht. Kamst du dir nicht geradezu gewalttätig vor, ihn so ganz in deine Vorstellungen zwingen zu wollen?

MIRIAM: Ja, da fühlte ich schon auch die Lust am Unterwerfen. Ich war selbst verblüfft, wie schnell ich meine Hemmungen ablegte. Stefan fiel es anfangs schwer, sich so total mir zu überlassen. Aber ich habe es genossen, mit ihm dieses Spiel zu versuchen, und bald konnte er mitspielen. Wir wurden beide immer unbefangener und haben uns gegenseitig inspiriert.

41

SUSANNE: Ich glaube, der eigentliche Witz an so einem Spiel ist, daß es jenseits von Aktivität und Passivität liegt. Es wird ein Wechselspiel, in dem sich beide beeinflussen und keiner nur passiv oder nur aktiv bleibt. Ich finde, die meisten Männer haben noch Angst vor Passivität. Ich glaube nicht, daß das nur ein Vorurteil von mir ist.

RUTH: Aber viele Männer sind doch geradezu Passivitäts-Spezialisten! Denk doch mal an all die Herrschaften, die sich von ihren Frauen total bedienen lassen.

MIRIAM: Also Männer, die nicht für sich sorgen können, kann ich nicht leiden. Die hilflose Wickelkinder werden, wenn nicht eine Frau, sprich Mama, sie betut, bekocht, für sie aufräumt und stopft. Da hängen viele noch am Schürzenzipfel, selbst wenn sie noch so männlich aktiv daherkommen. Kaum taucht eine Frau auf, lassen sie sich bedienen.

RUTH: Grad die größten Chauvis sind solche verkappten Sohnemänner!

MIRIAM: An Stefan finde ich so gut, daß er all diese Sachen selber macht. Sogar wenn ich dabei bin, näht er sich einen Knopf an.

SUSANNE: Ich wette, da bekommst du ein schlechtes Gewissen.

MIRIAM: Die erste Zeit mußte ich mich richtig zusammennehmen, um ihm Nadel und Faden nicht aus der Hand zu reißen. Aber ich bin fest geblieben und bin richtig stolz darauf! Dadurch ist dieses Mama-Bubi-Verhältnis bei uns nicht zustande gekommen. Es ist bestimmt ein Teil des Reizes, daß Stefan von mir eben nicht diese ständige Mütterlichkeit erwartet.

RUTH: Am besten sind eben die Männer, die eine Balance gefunden haben zwischen Softi und Chauvi, die beides drauf haben, die nicht fixiert sind auf die eine oder die andere Position. Die ganz dialektisch etwas Drittes daraus gemacht haben. Das wäre dann der Neue Mann. Aber den muß uns Frau Holle wohl erst noch backen. Ach, laßt uns doch alle um den Helden flehen, der sich seine Strümpfe selber stopft!

SUSANNE: Ich hätte überhaupt nichts gegen einen solchen Helden!

MIRIAM: Vor allem, wenn der Held seine Muskeln auch mal lockern kann und hin und wieder einen weichen, nachgiebigen Körper anbietet.

SUSANNE: Hast du Angst vor harten Muskeln? Kann doch auch ganz schön sein.

MIRIAM: Klar kann das schön sein! Ich habe überhaupt nichts gegen einen starken Mann. Nur muß er auch mal geschmeidig sein können. Diese durch und durch Harten, diese Supermänner, die nicht loslassen können. Die sind emotional einfach zu. Bei denen kommt überhaupt nichts ins Fließen. Für die ist die Liebe doch auch nur Arbeit an der Body-Building-Maschine.

SUSANNE: Die Frau als Fitneß-Apparat, an dem ein solcher Typ sich abarbeitet – nun übertreib's mal nicht! Ich gebe ja zu, daß es diesen Typus Mann gibt, aber gerade du wirst doch nicht ganz so arge Erfahrungen haben.

RUTH: Laß sie doch mal bissig sein. Als Frau kriegst du doch wirklich das Gefühl, daß Conan der Barbar kein ganz so toller Liebhaber sein kann. Seine Kondition ist ja vielleicht bewundernswert, aber er ist doch vor allem damit beschäftigt, sein Muskelspiel zu kontrollieren. Die paar Muskeln, die er zur Erektion braucht, hat er natürlich auch im Griff.

MIRIAM: Ach, ich meine doch gar nicht diese Muskelmonster, die auch in der Liebe gar nicht anders können, als die Frau zu stemmen. Eigentlich rede ich gar nicht von Muskeln. Ich meine so eine allgemeine Anspannung, die viel mehr im Kopf oder im Herzen vorherrscht, aber oft im Körper spürbar ist. Ich bin mit Männern zusammengewesen, die den Liebesakt, aber auch Zärtlichkeit ganz angespannt durchgestanden haben, die ein inneres Programm durchhalten mußten. Das war wichtiger, als mal loszulassen und zu sehen, was geschieht.

RUTH: Ganz entspannt im Hier und Jetzt?

MIRIAM: Das ist auch wieder Ideologie. Nur entspannt, das ist auch langweilig. Spannung gehört zur Liebe dazu. Was ich meine, ist dieses völlig Festgelegte, dieser programmierte Ablauf eines Geschehens mit zwei Akteuren, deren Bewegungsspielraum gleich Null ist. Etwas sich entwickeln lassen, egal, wohin das führt, das können Männer doch nur sehr selten.

SUSANNE: Hoffentlich behauptest du jetzt nicht, Frauen könnten das wesentlich besser. Von mir weiß ich, was für Schwierigkeiten ich hatte mit einer unverkrampften Haltung, mit diesem Geschehenlassen-Können.

RUTH: Es gab eine Zeit, da habe ich auch meinen Körper als Waffe eingesetzt. Wohl, um wirklichen Kontakt zu vermeiden. Ich versteckte mich hinter meinem Körper. Und ich habe es auch getan, um die Männer am Gängelband zu haben, wenn ich spürte, daß sie scharf auf mich waren. Männer waren damals Trophäen für mich. Ich habe mich sehr mächtig gefühlt, solange ich nicht mit der Seele dabei war.

MIRIAM: Wenn es ein reines Körperprogramm ist, ist es eben am ungefährlichsten.

SUSANNE: Aber auch am langweiligsten!

MIRIAM: Ich habe ja auch nicht behauptet, daß alle Frauen Genies in der Hingabe seien und alle Männer

44

Tölpel. Die großen Liebenden werden schon immer gewußt haben, was es mit diesem Geschehenlassen auf sich hat. Aber die sind schließlich in allen Jahrhunderten Raritäten gewesen.

SUSANNE: Dieses Loslassen, dieses Sich-auf-den-Weg-Begeben, ohne vorher das Ziel festgelegt zu haben, und dann alles zu akzeptieren, was auf dieser Reise passiert, das macht uns Frauen und den Männern gleichermaßen Schwierigkeiten. Ich war auch lange Zeit der Meinung, daß jede sexuelle Begegnung einem präzisen Drehbuch folgen müßte. Jede Abweichung war verboten. Lief etwas anders, hielt ich mich für gestört.

RUTH: Und sexuell gestört ist für viele ja noch schlimmer als Aussatz. Es wird eben alles schwieriger, wenn du die Naivität verloren hast. Wenn ich daran denke, wie unbefangen verspielt ich in der Beziehung zu meinem ersten Freund war! Wir hatten beide keinerlei Erfahrung. An unserer Sexualität war nichts, aber auch gar nichts, was man hätte raffiniert nennen können. Und doch war sie ungeheuer lebendig. Dabei passierte überhaupt nichts Besonderes. Es war einfach toll, den Jungen immer wieder zu überraschen, wie denn nun heute mein BH zu öffnen war. Hinten oder vorne. Ihm all die verschiedenen Möglichkeiten vorzuführen. Mal schaffte er's, mal brauchte er meine Hilfe. Das war ein zauberhaftes Spiel für uns. Aber wie sehr hat sich das dann eingeengt, nachdem ich immer klarere Vorstellungen darüber bekam, welche Möglichkeiten es im Sexuellen gibt und wie eine begehrenswerte Frau zu sein hat! Das Verhaltensrepertoire wurde enorm vergrößert, aber das emotionale Erleben blieb über lange Jahre kanalisiert.

SUSANNE: Wenn alles zur Bewährungsprobe wird! Du kannst nicht loslassen und bleibst verkrampft. Ich erinnere mich noch an Zeiten, wo ich mich im Bett förmlich abgerackert habe, um einem Mann zu gefallen. Ich wollte, ich mußte zum Orgasmus kommen! Das war wie in diesen schrecklichen Träumen: ich keuche mit schmerzenden Lungen hinter einem anfahrenden Zug her, will aufspringen und schaffe es wieder nicht.

RUTH: Stellt euch doch bloß vor, wenn sich zwei solche Leute treffen, wie dann ihre sexuelle Begegnung verläuft! Das wird eine einzige Anstrengung, die mit Erotik wenig zu tun hat. Man weiß von vornherein, wie es laufen muß, und wenn es nicht so läuft, hat man das Gefühl einer Niederlage.

MIRIAM: Ich denke trotzdem, daß die meisten Männer in einem noch strammeren Korsett gefangen sind als wir, noch mehr Dramaturgie im Kopf haben. Daß sie auf das Emotionale nicht vertrauen können, darauf, daß sie ankommen, grad so, wie sie sind. Da muß erst eine Leistung präsentiert werden.

RUTH: Aber wir erwarten von Männern ja auch unheimlich viel. Wir haben doch auch unser Drehbuch im Kopf und gucken dann, ob er's bringt oder nicht. Also von mir kann ich nur sagen, je unsicherer ich mich selber fühle, desto unnachsichtiger werde ich dem anderen gegenüber. Dann hat der andere plötzlich alle Schuld an der Misere.

MIRIAM: Natürlich gebe ich zu, daß alles ein Wechselspiel ist. Es hat lange genug gedauert, bis ich meinen Part darin erkannt habe. Daß ich durch mein Verhalten auch den Mann blockiere und nicht immer nur durch ihn blockiert werde.

SUSANNE: Ihr beide kennt diesen Zweifel nicht, der an dir nagt und dir ständig einredet, etwas leisten zu müssen, um geliebt zu werden. Ständig habe ich mich gefragt: Hast du's gebracht, oder war es wieder mal nichts? Geliebt zu werden, so wie ich war, jahrelang habe ich das für ein Ding der Unmöglichkeit gehalten. Ich war ja auch meilenweit entfernt von der Zukunftsvision meiner Person, die Georg entworfen hatte. Das änderte sich, als ich mich in einen viel älteren Mann verliebt hatte und bei diesem Mann erleben konnte, daß er mich schlichtweg so liebte, wie ich war, mit all meinen Schwächen und all meinen Vorzügen. Er war entzückt von mir, von der Frau, so wie sie ihm in der Gegenwart entgegenkam. Er mußte nicht unbefriedigt auf eine ferne Zukunft hoffen, in der sich endlich die eigentliche Susanne materialisieren würde. Diesem Freund war ich, so wie ich war, genug. Das hat mich damals glücklich gemacht, so vorbehaltlos geliebt zu werden.

RUTH: Für mich spiegeln sich zum Beispiel in den Worten «Liebhaber» und «Geliebter» qualitativ ganz unterschiedliche Beziehungen. Einen Liebhaber nimmt sich eine Frau, um ihren Ehemann zu betrügen. Ihren Geliebten liebt sie, ob sie nun noch einen anderen hat oder nicht. Einen Liebhaber führt sie vor, den Geliebten nie. Ein Lover kann ihr Image aufpolieren, den Geliebten wird sie nie dafür mißbrauchen. «Er ist ein guter Liebhaber» ist so ein Standardsatz über einen Mann, der's einfach bringt. In diesem Ausdruck zeigt sich, wie sehr da auch der Marktwert gehandelt wird. Beim Geliebten komme ich gar nicht auf die Idee, so zu denken. Da steht nicht die Leistung, der Vergleich, der coole Check-up der Qualitäten im Vordergrund, sondern einzig die Person. Den Geliebten liebe ich, und auch er liebt und läßt sich lieben.

MIRIAM: Und weißt du, woran das liegt? Der Geliebte ist der Mann, der sich hingeben kann. Der kein Drehbuch im Kopf hat und nicht alles in der Hand behalten will. Dadurch können beide ihr Skript vergessen. Ein guter Liebhaber, das kann was sehr Schönes sein. Ich habe solche Liebhaber-Beziehungen gut in Erinnerung. Das hat Spaß gemacht, war lustig, witzig, geistreich, sexy. Hat mich Jahre in Atem gehalten. War nie Leidenschaft, war immer ein Gesellschaftsspiel, war funkelnde Oberfläche mit all dem Vergnügen, das man dabei haben kann. Hat mich bewegt und aufgeregt, aber nie in der Tiefe. Hat mich nie denken lassen: So, jetzt kann ich beruhigt sterben, mehr brauche ich nicht, um zu wissen, was Liebe ist.

SUSANNE: Beim Liebhaber steuern wir noch, das benutzen wir für alle möglichen Zwecke, beim Geliebten flutet etwas an, da behalten wir den Kopf nicht oben, da geschieht etwas, da lassen wir los.

MIRIAM: Da setzt auch der Sturz in die Phantasien ein, in Phantasien, die du nicht mehr mit dem Bewußtsein herbeizitierst. Die entstehen in dir, ohne dein Zutun.

RUTH: Den Unterschied kenne ich gut zwischen den herbeizitierten und den autonomen Phantasien, die von irgendwoher kommen, ob aus weiter Ferne oder aus deinem Innersten. Und gefühlsmäßig fällt es auch zusammen, die weite Ferne und das tiefste Innerste, das ist dann eins. Ich erinnere mich, wie ich völlig baff war, als Jochen mich mal ganz zart gestreichelt hat. Arme, Gesicht. Und ich hatte plötzlich kleine Flämmchen auf der Haut. Ich glaube, nach diesem Erlebnis habe ich beschlossen, bei ihm zu bleiben.

MIRIAM: Ja, das meinte ich, diese Bilder, die entstehen, und dieses Gefühl, ganz mit ihnen identisch zu sein. Nicht du entwirfst die Bilder, sondern die Bilder entwerfen dich. Plötzlich sind wir zwei Frösche, die im Urwald in einem Teich ihr Liebesspiel machen. Zwei große, dicke Frösche und glucksendes Wasser und große Blätter und Gräser um uns her. Oder das

Gefühl, diesen Mann seit Jahrtausenden zu kennen, ihm immer wieder begegnet zu sein. Zu sehen, wie sein Gesicht sich auflöst, zu einer Landschaft wird, zu Fels und Baum und Himmel, und zu wissen, auch als Tier sind wir uns begegnet, und weit davor noch als Strauch und Gestein. Wenn die Zeit sich auflöst, weil die Gegenwart alles umfaßt, das erlebe ich nicht mit einem Liebhaber, das erlebe ich nur mit meinem Geliebten.

SUSANNE: Dazu muß eine Art Schleuse geöffnet sein. Ich erinnere mich, wie in guten Zeiten mit Georg sich so was anzudeuten begann. Die Blumengärten, in die ich wieder und wieder geriet, wurden immer prächtiger, Eingänge in Häuser, die ich nie gesehen hatte, immer lockender. Oder das Gefühl, gemeinsam eine Kugel zu bilden, die die ganze Welt umfaßte und gleichzeitig in mir enthalten war. Ich glaube, je mehr du zuläßt, desto mehr gerätst du in eine andere Wirklichkeit. Das ist das Schöne mit Jakob, daß er mit solcher Leichtigkeit mit hineingeht.

RUTH: Wißt ihr, was ich auch so eigenartig finde? Je mehr du zuläßt in einer Beziehung, desto unwesentlicher wird der Satz «Ich liebe dich». Wenn die Schleuse wirklich geöffnet ist, dann komme ich gar nicht auf die Idee, dem anderen mit Worten meine Liebe zu beteuern oder ihn nach seiner Liebe zu fragen. Je ungehemmter, ungebremster, unbehinderter die Gefühle strömen können, desto hinfälliger wird der Satz «Ich liebe dich». Im Gegenteil, er würde zur Bremse.

SUSANNE: Einmal habe ich mich in den Ferien zum Trost in einen Engländer verliebt, dem es mit seiner Freundin ähnlich dreckig ging wie mir mit Georg. Ich glaube, wir haben uns am Tag hundertmal «I love you» gesagt. Das hat uns beiden gutgetan. Wir mochten uns gern, wir haben auch miteinander geschlafen, und das war schön, aber versichert haben wir uns einer ganz anderen Sache: unserer gegenseitigen Unterstützung in dem Unglück, vom heißgeliebten Partner zu Hause betrogen worden zu sein. Hätten der Engländer und ich uns wirklich geliebt, wir hätten dieses beschwörende «I love you» bei Tag und Nacht nicht nötig gehabt.

MIRIAM: Wenn in einer Beziehung das Bedürfnis danach, «Ich liebe dich» zu sagen oder «Liebst du mich» zu fragen, immer größer wird, dann hat es für mein Gefühl Risse gegeben. Ich weiß von mir, daß ich immer dann, wenn ich mich von einem Mann innerlich zu distanzieren begann, besonders freigebig mit meinen Liebesbeteuerungen wurde. Ich bin mir selbst erst spät auf die Schliche gekommen. Um meine Trennungswünsche selber nicht wahrnehmen zu müssen, habe ich versucht, mit dem «Ich liebe dich» zu überdecken, was da auseinanderdriftete. Auch mein Verlangen zu hören, ob ich denn noch geliebt werde, stieg und steigt mit meinen Zweifeln an der Beziehung. Wenn ich mir meiner selbst und des anderen sicher bin, denke ich nicht einmal im Traum daran, danach zu fragen, ob ich denn nun geliebt werde, das weiß ich dann ja ohnehin. Und wenn ich wirklich liebe, muß ich es nicht noch mit Worten beteuern, dann spürt es der andere sowieso.

SUSANNE: Eine Verunsicherung im Gefühl läßt überhaupt erst das dringende Bedürfnis nach Liebesbeweisen aufkommen. «Kannst du erklären, weshalb du mich liebst, dann liebst du mich nicht.»

RUTH: Mal ist es so, mal ist es anders. Ich kann mir auch Situationen vorstellen, in denen ich ununterbrochen von meiner Liebe spreche, ohne sie zu zerreden. Und zwar, wenn ich nichts zu beteuern und zu versichern habe, weil's schon nicht mehr ganz stimmt, sondern dann, wenn ich es genieße wie die Melodie eines Liedes, die mir nicht aus dem Sinn geht. Spult es sich nur noch automatisch ab, wird es geschwätzig, verliert es an Tiefe. Geplapper und Liebe gehören nicht zusammen. Aber ebensowenig das ständige Bemühen um Tiefgang. Leichtigkeit ist nichts, was man verachten sollte. Und nicht alle Gefühle, die uns ob ihrer fundamentalen Bedeutsamkeit zum Verstummen bringen, sind mit der Wahren Liebe gleichzusetzen. Manchmal hängt einem die Liebe wie ein Lehmklumpen an den Füßen. Und den Fehler mache ich nicht mehr, zu glauben, je schwerer der Klumpen, desto wahrer die Liebe. Aber ich hatte auch in manchen Beziehungen die Scheu, «Ich liebe dich» zu sagen, weil ich mich dadurch so festgenagelt gefühlt hätte, verpflichtet zu mehr Gefühl, als ich vielleicht empfinden konnte oder wollte. Dann habe ich mich immer in Formulierungen gerettet wie «Ich liebe dein Lachen» oder «Ich liebe deine Augen» und was nicht alles. Das war mein innerer Kompromiß, wenn ich Vorbehalte gegen einen Mann hatte, mich nicht wirklich festlegen wollte und ihm trotzdem etwas Liebes sagen wollte.

SUSANNE: Aber wir wollen auch nicht so streng sein. Manchmal bin ich ein bißchen bedürftig, weil das Leben wieder mal schwer war, dann ist eine Liebeserklärung doch etwas sehr Wohltuendes. Und wie viele verschiedene Botschaften kann man aus einem «Ich liebe dich» oder einem «Wie sehr liebst du mich?» herauslesen! Eines ist mir wirklich klargeworden im Laufe der Zeit: Kein Gefühl läßt sich herbeireden oder hinwegreden. Vor allem die Liebe nicht. Ich habe viel zu lange Worten und Sätzen vertraut und die Mitteilungen jenseits der Worte zu wenig beachtet oder unterschätzt. Männer sind da oft noch dümmer in ihrem arglosen Gottvertrauen in die Kraft des Wortes. Mit einem Mann ohne Sensibilität für sprachlose Botschaften könnte ich nicht leben. Solche Menschen sind doch die wahren Taubstummen.

RUTH: Wenn mir ein Mann allzu oft seine Liebe beteuert, werde ich mißtrauisch – was könnte dahinterstecken? Muß ich eifersüchtig werden? Aber Eifersucht ist wirklich ein Kapitel für sich. Da kommen einem oft die eigenen Wünsche ins Gehege. Bei Klaus war ich viel eifersüchtiger, als ich es bei Jochen bin. Ich begriff allerdings mit der Zeit, daß ich besonders leicht eifersüchtig wurde, wenn ich selber gerade irgendwelche Phantasien mit anderen Männern im Kopf hatte. Kaum stellte ich mir vor, mit einem Kollegen ein bißchen zu flirten, überfiel mich heftigste Eifersucht, und ich quälte mich mit allen erdenklichen Vorstellungen über eine mögliche Untreue von Klaus. War er nicht sehr abweisend in letzter Zeit? Hatte er nicht auffallend viel außer Haus zu erledigen? Hatte er nicht einer Freundin von mir penetrant schöne Augen gemacht? Ich war dann immer ganz schnell bei seiner vermeintlichen Untreue und konnte dadurch meine eigenen Phantasien in der Versenkung verschwinden lassen.

SUSANNE: Du sprichst darüber so abgeklärt, als könnte dir das heute nicht mehr passieren.

RUTH: Natürlich kann ich heute noch eifersüchtig sein, aber hoffentlich nicht mehr auf diese verquere Art, um mich im Grunde nur von meinen eigenen Fremdgeh-Wünschen abzulenken.

SUSANNE: Beneidenswerte Entwicklung!

RUTH: Wenn du es wissen willst: ich bin durch ein kleines, absurdes Erlebnis kuriert worden.

MIRIAM: Wirklich als geheilt entlassen? Da kann man im Zusammenhang mit Eifersucht nur gratulieren!

RUTH: Jetzt laßt mich mal erzählen. Also, Klaus fuhr damals ein sehr auffälliges weißes Sportcabriolet. In unserem Städtchen gab es dieses eine Modell nur einmal. Klaus überließ mir den Wagen sehr oft. In solchen Sachen war er immer sehr lieb, fast ein bißchen altmodisch galant. Er wußte, wieviel Spaß ich daran hatte, rasant herumzuflitzen. Eines Tages fuhr ich wieder mal die Hauptstraße entlang und war dabei ganz versunken in die Phantasie, mit einem sehr attraktiven Freund von Klaus anzubandeln, als mir an einer Kreuzung das weiße Sportcabriolet entgegenkam! Ein Pärchen saß darin. Klaus und eine Frau. Schon kochte ich vor Empörung. Allerdings dauerte dieser Ausbruch des «gerechten» Zorns nur einen aufgeregten Herzschlag lang. Meine Realitätsverkennung ließ abrupt nach. Ich selbst saß doch am Steuer des weißen Cabrios! Also konnte ich mitnichten Klaus in flagranti bei einer flotten Ausfahrt ertappt haben. Hatte nicht gerade ich von einer kleinen Spritztour mit diesem attraktiven Mann geträumt?

SUSANNE: Du meinst, so schnell fällst du auf diesen Trick von dir nicht mehr rein?

RUTH: Ich will doch hoffen, daß ich in solchen Lebenslagen innen und außen nicht mehr durcheinanderbringe. Ich glaube, dieses Erlebnis hatte eine so heilsame Wirkung, weil es so herrlich verrückt war. Das war Projektion in Reinkultur. Ich war ja ganz perplex, als mir die Realitäten klar wurden!

SUSANNE: Eifersucht ist überhaupt schwer zu fassen. Ich finde, das wechselt enorm von Beziehung zu Beziehung. Ich habe früher immer gedacht, ich sei wahnsinnig cifersüchtig, fast krankhaft. Aber seit ich mit Jochen zusammen bin, fühle ich mich nicht mehr so anfällig.

MIRIAM: Das ist doch nur natürlich, wenn man an das

denkt, was du über dein Verhältnis zu Georg erzählt hast. Es wäre doch eigenartig gewesen, wenn du damals nicht eifersüchtig reagiert hättest.

SUSANNE: Du hast recht, aber ich meine noch etwas anderes. Ich meine, Eifersucht ist nicht gleich Eifersucht. Es ist nicht immer dasselbe Gefühl. Als Jakob und ich uns getroffen haben, waren wir beide frei. Beide hatten wir uns gerade aus langjährigen Beziehungen gelöst. Etwas ganz Neues und Besonderes war dabei für mich, daß ich auf einmal in keiner Dreiecksbeziehung mehr steckte. Das war nämlich bis dahin das Übliche bei mir gewesen, mein Normalzustand. Am längsten war ich mit Georg zusammen, und der hatte bis auf wenige kurze Unterbrechungen nebenher immer auch noch Beziehungen zu anderen Frauen. Und seltsamerweise waren die Männer, mit denen ich kürzere oder längere Affären hatte, allesamt auch anderweitig gebunden. Nur bei meinem allerersten Freund und bei Jakob war es anders. Ich hatte mir immer eine Partnerschaft ohne diese ständigen Nebenbeziehungen gewünscht, aber nie hingekriegt. Aber mit Jakob war das auf einmal geglückt. Ich hatte also allen Grund zum Jubeln. Doch da merkte ich, wie irritiert ich auch war. Zweierbeziehung total! Ich fand es beunruhigend, daß da jemand war, der sich ausschließlich für mich interessierte. Ich muß euch sagen, das hat mich anfangs richtig gebeutelt. Ich entdeckte zu meiner Verwunderung, daß es mir manchmal einfach zu eng wurde. Ich fühlte mich so verpflichtet, so angebunden. Ich hätte nie erwartet, daß es mir in einer wirklichen Liebesbeziehung jemals zu eng werden könnte.

MIRIAM: Deinem Georg mußtest du ja auch immer hinterherjagen. Da konnte es dir gar nicht zu eng werden.

SUSANNE: Mit Georg habe ich mir immer mehr Nähe gewünscht. Jetzt bei Jakob merke ich, wie sehr ich es auch brauche, allein zu sein, meinen eigenen Raum zu haben. Aber es war nicht einfach für mich, die Tür dieses eigenen Raumes von innen zuzumachen. Zuerst bekam ich ein schlechtes Gewissen. Wie konnte ich es wagen, mich von dem Mann, den ich liebte, überhaupt zurückziehen zu wollen! Vom Kopf her war das natürlich unproblematisch. Klar, daß ich meinen eigenen Raum beanspruchen durfte! Aber je mehr ich es ausprobierte, desto unsicherer wurde ich, ob Jakob mir das übelnehmen und sich einer anderen Frau zuwenden würde.

MIRIAM: Da hat sich dann die Eifersucht doch wieder eingeschlichen. Aber ich stelle mir Jakob eigentlich nicht so vor, daß er dich für einen Rückzug in deine eigene Sphäre bestrafen müßte.

SUSANNE: Tut er auch nicht. Er hat meinen Wunsch nach einem Freiraum, glaube ich, sogar mit Erleichterung aufgenommen. Er hatte, als wir uns trafen, gerade eine verklammerte Beziehung hinter sich gebracht und war nun ganz froh, genug Luft zum Atmen zu haben.

RUTH: Und du hast diese Haltung nicht als kränkend erlebt?

SUSANNE: Nein. Ich fühlte mich sogar immer besser. Ich wurde immer zufriedener mit mir, mit uns. Dieser Wechsel von Nähe und Distanz bekam uns gut. Und meine Schuldgefühle sind so gut wie verschwunden.

RUTH: Und die letzten Überbleibsel hegst und pflegst du wie eine Sammlung von Antiquitäten?

MIRIAM: Ich dachte, Susanne wollte etwas über Eifersucht sagen. Und wo seid ihr gelandet? Bei der Kultivierung von Resten schlechten Gewissens!

SUSANNE: Ich komme noch zu meinem Thema. Die haben ja vielleicht auch etwas miteinander zu tun – die Eifersucht und das schlechte Gewissen. Aber ich wollte auf den Unterschied meiner Reaktionen bei Georg und Jakob hinaus. Jakob ist dann irgendwann doch mal fremdgegangen. Ich war in der Zeit ziemlich viel unterwegs, hatte mich auch ein paarmal mit einem alten Freund getroffen, was ich Jakob allerdings verschwiegen hatte.

RUTH: Ach, dieser Bekenntnisdrang! Ich halte nichts davon.

MIRIAM: Das kannst du doch nicht grundsätzlich vom Tisch fegen. Da kommt es doch auf den Zusammenhang an. Natürlich ist es eine Gemeinheit, wenn du es nur erzählst, um den anderen damit zu kränken, und natürlich ist es kindisch, wenn du rein gar nichts für dich behalten kannst und alles ausplappern mußt. Aber manchmal kann Offenheit über andere Beziehungen doch wirklich auch einer Klärung in der Partnerschaft dienen. Klarheit ist einfach fair.

SUSANNE: Für mich kommt noch hinzu, wieviel mir der andere wert ist und ob ich ihn betrügen will oder nicht. Wenn es irgendeine belanglose Affäre war, auf die ich auch genausogut hätte verzichten können, dann würde ich das nicht an die große Glocke hängen. Wenn es etwas Ernsteres ist, dann finde ich es schon wichtig, darüber zu reden. Aber gerade dann trau ich mich natürlich nicht.

RUTH: Wie war das denn bei dir mit dem alten Freund? War das etwas «Ernsteres»?

SUSANNE: Nein, nichts Ernstes, nur so das schmeichelnde Gefühl, noch immer sehr gemocht zu werden. Ich habe es einfach genossen, meine alten Selbstzweifel los zu sein. Ich fand mich eine tolle Frau! Aber ich will mal zur Sache kommen: Also, Jakob war an dem Abend meiner Rückkehr irgendwie ein bißchen anders. Wir hatten uns beide sehr aufeinander gefreut, ich hatte Champagner mitgebracht, und wir waren schon ein bißchen angeheitert. Und da habe ich den Jakob so ganz verliebt angesehen und plötzlich ganz sicher gewußt: Der hat mit einer anderen geschlafen. Es war mir sonnenklar, aber es tat meiner Liebe überhaupt keinen Abbruch. Und während ich das so bei mir feststellte, begann Jakob, davon zu erzählen, daß er mit einer anderen Frau geschlafen hatte.

RUTH: Warst du nicht doch verletzt?

SUSANNE: Es hat mich geschmerzt, aber nicht mehr zerrissen. Und genau das war der Unterschied zu meinen früheren Reaktionen. Da zerbrach immer was. Wenn ich das vergleiche, sehe ich ein Bild vor mir: Das Gefäß, in dem meine Gefühle für Georg aufgehoben waren, bekam Risse. Und durch diese Risse entwich die Liebe, und der Haß sickerte nach. Einsickern ist zu milde. Der Haß schoß ein in dieses zerborstene Gefäß.

RUTH: Die Selbstentwertung, die du betrieben hast, hat dich zerrissen. Ist doch klar, daß dann Haß einschießt und die Liebe verlorengeht.

SUSANNE: Da ist viel verheilt. Ich habe jetzt das Zutrauen, daß die Liebe nicht wirklich verlorengehen kann. Dazu hat Jakob viel beigetragen. Und dafür liebe ich ihn und bin ihm dankbar.

MIRIAM: Er ist halt Balsam für deine Seele. Natürlich hat er dir gutgetan und viel zu deinem Wohlergehen beigetragen. Aber ich finde, du stehst einfach zu wenig dazu, daß du auch eine ganze Menge allein entwickelt hast. Schließlich hast du doch irgendwann die Trennung von Georg betrieben, hast du doch die Verantwortung für dein Kind allein übernommen, hast du doch Kind und Beruf unter einen Hut gebracht, und als das alles unter Dach und Fach war, erst dann bist du Jakob begegnet.

RUTH: Sie neigt eben dazu, die Männer kräftig zu idealisieren. Und zwar alle, egal, ob die nun besonders liebevoll mit ihr umgehen oder nicht. Mann ist Mann! Ich glaube, die Energie von Frauen, aus Männern Prinzen zu machen, ist unerschöpflich!

SUSANNE: Jetzt übertreib mal nicht! Vielleicht habe ich ja eine Tendenz, Männer zu idealisieren. Das ist es ja, worüber ich mir inzwischen den Kopf zerbreche: Was war mein Motiv, mein Interesse, an der quälenden Verbindung mit Georg so lange festzuhalten? Wollte ich etwa beweisen, daß ich das arme Opfer bin und er der üble Kerl? Ihn erst in den Himmel heben, zu meinem Abgott machen, und dann alle Welt auf seine bösen Seiten hinweisen, nach dem Motto: Die Männer sind alle Verbrecher? Aber ich bin doch gar nicht nur das arme Opfer gewesen, für ihn war es doch auch belastend. Und in den letzten Jahren ist es uns sogar ganz gut gegangen. Durch unseren Sohn fühlten wir uns richtig liebevoll verbunden. Ich war eine glückliche Mutter und verstand mich mit dem Mann, der zum Vater meines Kindes geworden war, viel besser als zuvor. Unsere Sexualität hatte eine Art Blütezeit. Ich fühlte mich gar nicht mehr als Unterlegene, und auch seinen Rat mußte ich nicht mehr ständig einholen. In seiner Rolle als Förderer in allen Lebensbereichen habe ich ihn allerdings seit der Geburt des Kindes ganz schön im Regen stehen lassen, das ist wohl wahr. Das wollte ich nicht mehr, brauchte es auch schon längst nicht mehr.

RUTH: Aber vielleicht ist gerade das der springende Punkt. Dir ging es auf einmal gut. Mit so einer Susanne konnte er vielleicht nicht soviel anfangen wie mit der Bittstellerin. Aber ich sehe, ich mache wieder einen üblen Kerl aus ihm. Das ist sicher die einfachste Erklärung, und ich weiß wohl, daß sie überhaupt nicht ausreicht. Ich werde vielleicht auch so ungeduldig, weil mir bei allen langjährigen Beziehungen nicht geheuer ist. Was für unkorrigierbare Gewohnheiten sich da einschleichen können – mir wird angst und bange, wenn ich daran denke. Ich möchte nämlich das ganze Leben mit Jochen verheiratet bleiben, und mir graut vor solchen eingeschliffenen Abläufen.

MIRIAM: Um noch einmal auf die Eifersucht zu kommen: mir erscheint es so, als würde Eifersucht durch die Ehe ganz besonders gefördert, obwohl das gar nicht logisch klingt. Aber bei mir war es so.

RUTH: Willst du damit sagen, daß sich die Bereitschaft, aufeinander zuzugehen, in der Ehe reduziert? Daß die Ehepartner sich gezwungen fühlen, zusammenzubleiben?

SUSANNE: Jede langjährige Beziehung, verheiratet oder nicht, bildet doch Mechanismen aus, die die freie Entscheidung füreinander nicht mehr ganz so frei erscheinen lassen. Vor allem, wenn ein Kind da ist. Ein so enges Zusammenleben erträglich oder sogar angenehm zu gestalten, verlangt schon viel Beweglichkeit, ist eine Lebenskunst. Mich hat der Entschluß, aus der Beziehung herauszugehen, viel Kraft gekostet. Aber das lange Trennungselend hat sich gelohnt. Das kann ich heute wirklich bejahen.

MIRIAM: Mich hat es in meiner Ehe verrückt gemacht, daß mein Mann mir weismachen wollte, ich hätte nicht die geringste Veranlassung, wegen seiner Affären eifersüchtig zu sein. Schließlich käme er ja immer wieder zu mir zurück.

RUTH: War das etwa eine Beruhigung für dich?

MIRIAM: Natürlich nicht. Ich wollte diejenige sein, zu der man hinwill, zu der man hinstrebt. Nicht diejenige, zu der man immer wieder zurückkehrt. Ich wollte nicht der ruhige Hafen sein, die Heimat, die Gute, die Nachsichtige, die Treue, die Doofe, die auch noch glücklich ist, wenn der Gatte nach jedem außerehelichen Abenteuer bei Muttern vor Anker geht, um sich auszuruhen.

SUSANNE: Ich glaube, daß es vielen Frauen gar nicht so unangenehm ist, diese Rolle zu übernehmen. Der Mann scheint ihnen sicher, sie sind eher seine Mutter als seine Frau, was vielleicht beruhigender ist, und sie haben ihren Sohnemann am Bändel.

MIRIAM: Das wäre für mich der Horror. Ich will nicht jedermanns Mutter sein. Erst beim Kind, dann beim Mann. Das habe ich gemeint, als ich sagte, die Ehe fördere die Eifersucht. Als Ehefrau verlor ich ziemlich bald das Gefühl, als Frau attraktiv zu sein. Ich war ihm durch das Kind einfach zu sicher. Er war meine erste große Liebe. Inzwischen weiß ich: Heirate nie die Große Liebe! Der Alltag hat sie bald zu einem Skelett abgenagt.

RUTH: Da muß ich widersprechen. Jochen und ich finden es immer noch ein Glück, daß wir geheiratet haben.

MIRIAM: Vielleicht stellt ihr es klüger an als wir damals. Ich kann mir nicht vorstellen, wieder zu heiraten. Ich weiß nicht einmal, ob ich mit einem Mann wieder unter einem Dach wohnen möchte. Ich habe Angst davor, daß dann vieles allzu selbstverständlich wird. So hat es sich jedenfalls zwischen meinem Mann und mir entwickelt: Ich war einfach immer da für ihn.

RUTH: Penelope wartet auf Odysseus und widersteht allen Verführungen und Bedrängungen der Freier!

SUSANNE: Es gibt eine wundervolle Filmszene mit Kirk Douglas als Odysseus und Silvana Mangano in einer Doppelrolle als Circe und Penelope. Als Circe den Odysseus verführen will, lockt sie ihn mit den Worten: «Küß mich, Odysseus, ich bin Penelope.» Und Odysseus antwortet: «Penelope würde nie einen Fremden küssen!» Darauf Circe: «Wenn dieser Fremde aber Odysseus ist?» Da wird mir ganz schwindelig.

RUTH: Weil man die Geschichte ja kennt, ist auch klar, daß er sie küssen wird.

SUSANNE: Das ist natürlich der Traum – beides zu sein und zu bleiben für einen Mann: die treue Ehefrau und die verführerische Zauberin.

MIRIAM: In meiner Ehe bin ich bescheidener gewesen. Nach anfänglich begeistertem, schließlich äußerst frustrierendem Penelope-Dasein war es für mich erst einmal wichtig zu erleben, daß ich auch die andere Rolle übernehmen kann, die der Circe. Wenn auch mit anderen Männern.

RUTH: Wie aufregend! Der eine wird becirct, der andere bekocht!

MIRIAM: Es hat nicht gehalten. Eines Tages wollte mein Odysseus dann doch nicht mehr zurückkehren an den heimischen Herd.

SUSANNE: Aber euer Ehe-Modell funktionierte doch nur unter der Voraussetzung, daß du in der Rolle der treu Wartenden bliebst. Deine Seitensprünge haben das ganze System durcheinandergebracht.

MIRIAM: Aber wenn ich mir vorstelle, ich wäre wie meine Mutter geworden: immer nur die gekränkt Wartende, die Sitzengelassene – mein Vater der herumschwärmende Paradiesvogel, sie die klagende graue Drossel –, dann ist mir meine Lösung schon lieber. Als ich mich scheiden ließ, habe ich mir gesagt: So, jetzt kannst du bis an dein Lebensende alles um diese Kränkung kreisen lassen wie deine Mutter und den Blues singen über «The Man Who Wrecked My

Life». Das wäre ein Programm fürs ganze Leben gewesen. Eine Non-stop-Show des Verletztseins, des Erleidens und Erduldens. Und ich das alternde Opferlämmchen. Darüber hätte ich vergessen, daß auch ich einiges angerichtet hatte, um unsere Ehe zu erschüttern. Und ich hätte diesem Gekränktheitsprogramm alle Lebenslust opfern müssen. Ich wäre in Selbstmitleid zerflossen, hypnotisiert von meinem eigenen Jammer. Und das wollte ich um nichts in der Welt!

RUTH: Aber eine solche Entscheidung kann man ja nicht allein mit dem Kopf treffen.

MIRIAM: Sicher nicht! Das spielte sich auf einer anderen Ebene ab. So träumte mir einmal, eine riesige Hand hebt mich auf und hält mich über einen Abgrund. Ich bin voller Angst, in die schreckliche Tiefe zu stürzen. Ich weiß, die Probe besteht darin, mich dieser Hand zu überlassen – trotz meines Entsetzens. Als ich aufhöre, mich zu wehren, als ich mich dieser Hand überantworte, verfliegt die Angst. Ich fühle mich jetzt sicher gehalten, der Abgrund verliert seinen Schrecken. Ich kann immer länger hinunterschauen auf dieses brausende Meer. In einem anderen Traum waren Stefan und ich ein Bettlerpaar: verdreckt, räudig, zahnlos, zerlumpt, von allen verachtet, für alle ein Ekel. Sie zwangen uns, ein winziges Boot zu besteigen, und wir trieben aufs Meer hinaus, auf einen ölbedeckten schwarzen Ozean. Ich liebte diese Elendsgestalt und war selber eine und wurde als solche wiedergeliebt. Ich war bereit, bis ans Ende meiner Tage mit meinem Bettlergemahl in diesem winzigen Boot auf diesen schwarzen Wogen zu treiben, und dieses sichere Wissen verwandelte alles. Das Wasser wurde immer heller, es wurde blau und glitzerte in der Sonne. Lichtstrahlen strömten durch mich hindurch. Unendlich wohlige und wollüstige Gefühle erfüllten mich und hielten sich noch lange, nachdem ich erwacht war.

Träumt ihr denn so was nie?

SUSANNE: Ich kenne Vergleichbares aus der Beziehung zu Jakob. Es hat etwas mit der Bereitschaft, sich weit aufzumachen, zu tun. Dann fangen die wahren Abenteuer an. Jakob und ich waren frisch verliebt. Ich mußte für einige Tage beruflich weg, und wir haben jede Nacht telefoniert. Bei einem dieser nächtlichen Gespräche hatte ich das Gefühl, als ob sich mein Zimmer weit öffnen würde – und ich flog. Das Ohr eng am Hörer, aus dem Jakobs Stimme kam, flog ich ihm im wahrsten Sinne des Wortes entgegen. Ich hatte mir keine Hexensalbe auf die Brust geschmiert. Ich hatte nur eine sehr große Sehnsucht nach ihm.

MIRIAM: Abwesenheit kann offenbar Wunder wirken.

RUTH: Als Klaus einmal längere Zeit verreist war, haben wir beim Wiedersehen ein Erlebnis gehabt, das ich nie vergessen werde. Es war ein heißer Sommernachmittag, wir gingen wieder unseren vertrauten Weg über die Felder und sammelten dabei einige bunte Glasscherben. Ein Stück rotes Glas von einem zerbrochenen Rücklicht, eine grüne und eine braune Flaschenscherbe und etwas Silbrig-Blaues, Durchsichtiges. Wir haben uns ins Gras gelegt und das Glas gegen die Sonne gehalten. Wir betrachteten den Himmel, die Felder, Gräser und Steine. Allmählich verzauberten uns die bunten Scherben. Es war dieselbe Landschaft, getaucht in verschiedenfarbiges Licht, und doch waren wir in einer anderen Welt. Mir schien, als hätte ich nie zuvor eine derart paradiesische Landschaft gesehen, nie zuvor eine solche Nähe, ein solches Einssein mit einem anderen Menschen empfunden. Und Klaus war es ebenso ergangen. Da war nichts Sexuelles, da waren keine körperlichen Berührungen gewesen – wir hatten nur durch ein paar bunte Scherben geblickt, die wie ein Brennglas unsere Gefühle gebündelt haben. Ich habe die Glasscherben noch in einem Schächtelchen. Wenn ich einmal Kinder haben sollte, werde ich sie ihnen eines Tages als besondere Kostbarkeit vererben.

SUSANNE: Und doch habt ihr euch getrennt. Blieb denn dieses Erlebnis nicht lebendig zwischen euch?

RUTH: Kurz nach unserem Glasscherbenspiel hatte ich einen Traum, der mich verwirrt hat: Klaus und ich stehen an einem ausgetrockneten Bachbett, und Klaus guckt herum, ob da tote Fische liegen. Zunächst suche ich mit, aber dann wird meine Aufmerksamkeit gefangengenommen von einem großen Baum, der völlig kahl ist, an dem sich aber plötzlich eine Blüte nach der anderen zu öffnen beginnt. Ich versuche, Klaus von dem ausgetrockneten Bachbett wegzubekommen, um ihm diesen aufblühenden Baum zu zeigen. Aber er hört mich nicht, sondern macht sich daran, mit bloßen Händen das Bachbett aufzugraben, um an Grundwasser zu kommen. Ich lasse ihn weiterwühlen, kümmere mich nicht mehr um ihn und wende mich dem prächtigen, lebendigen Baum zu, an dem sich noch immer Tausende von Blüten öffnen. Der Traum hat unsere Trennung vorweggenommen. Ich werde jetzt beim Erzählen ganz traurig. Vielleicht hätte ich Klaus doch nicht an dem ausgetrockneten Bachbett stehen lassen, ihm nicht die ganze Wühlarbeit allein überlassen sollen. Kann sein, daß wir gemeinsam doch auf Grundwasser gestoßen wären. Vor der Trennung von Klaus hätte ich meine Hand ins Feuer gelegt, daß unsere Beziehung nie zerbrechen könnte. Und doch ist sie – wie im Traum – ausgetrocknet. Es kommt mir manchmal wie ein Wunder vor, daß ich in der Ehe mit

64

Jochen auch wieder soviel Nähe fühle. Aber heißt das etwa: eines Tages ist auch diese Liebe wieder vorbei?

Susanne: Ich finde, wir sprechen viel zuviel von Nähe, Einssein und Verschmelzen. Ich halte das für einseitig, gefährlich und verkehrt. Eine Beziehung besteht doch nicht nur aus ständigem Verschmelzen, auch eine erotische Beziehung nicht. Ich glaube, es ist der Tod vieler Partnerschaften, daß beide meinen, sie müßten möglichst viel Nähe herstellen.

Ruth: Ich sehe in Nähe, in diesem Vertrautsein die Bedingung schlechthin, um aus einer Beziehung etwas Konstruktives zu machen. Und das hältst du gerade für verkehrt?

Susanne: Ich glaube, die Beziehung läuft sich tot, wenn alles auf Nähe, Nähe, Nähe abgestellt ist. Allerdings habe ich lange gebraucht, bis ich das begriffen hatte. Es hat mich einiges gekostet. Aber jetzt meine ich etwas anderes. Es geht mir nicht bloß ums Abgrenzen, sondern um das Anderssein. Ich will den Mann, den ich liebe, auch als einen ganz Anderen, als einen zum Teil sogar Fremden wahrnehmen können. Nicht immer nur als «ein Fleisch», wie in der Bibel. Das ist Symbiose in Permanenz. Wie kann ich lieben, wenn ich immer nur verschmolzen bin? Ich brauche den Anderen als jemand, der ein eigenes Universum ist, Lichtjahre von mir entfernt, der mich gerade mit seiner Fremdheit lockt. Das ist für mich Erotik: das anziehende Getrenntsein, das einladende Fremdsein. Deswegen halte ich nichts von Symbiose-Duselei. Ich kann den Geliebten in seiner Erscheinung doch nur wahrnehmen, wenn ich genügend Distanz habe. Ohne Abstand kein Bild.

Ruth: Das heißt doch: Distanz zwischen dir und dem anderen einzuräumen setzt voraus, daß du deinen eigenen Standort gefunden hast.

SUSANNE: Genau! Und gerade das hat mir ja soviel Angst gemacht. Ich, die süße Susanne, hatte einen eigenen Standpunkt? Und noch dazu einen anderen als mein Partner! Da hatte der doch allen Grund, böse mit mir zu sein. Ich glaube, das war der Hintergrund meiner Ängste. Ich war noch immer das kleine Mädchen, das sich nicht alleine zu laufen getraute.

MIRIAM: Vielleicht bist du wirklich zu lange festgehalten worden.

SUSANNE: Kann schon sein. Wenn man bedenkt, daß ich erst mit Georgs Hilfe von meinen Eltern weggekommen bin, dann bin ich wohl besonders lange festgehalten worden. Aber ich habe mich auch selber festgeklammert ans Nest.

RUTH: Dann war Georg ja ein Befreier, ein Blockadebrecher für dich.

MIRIAM: Ja, aber sie hat bei ihm wieder dasselbe Spiel gespielt: Ich bin klein, mein Herz ist rein, ich kann nicht stehen auf meinen eigenen Beinen. Ritter Georg sollte Susi-Schätzchen tragen oder wenigstens an der Hand führen. War es nicht so?

RUTH: Die einen tun sich mit der Nähe schwer, die anderen haben Schwierigkeiten, sich zu distanzieren. Zu denen gehöre ich.

SUSANNE: Man braucht eben beides: ganz hautnahe, zärtliche Intimität und Nähe – und dann wieder Luft, Freiraum, Freiheit, Fremdheit. Ich will präzisieren, was ich meine. Ich denke, vielen fällt es schwer, in der Gegenwart des Partners, vor seinen Augen und Ohren ihre Andersartigkeit zu leben. Wenn Frauen anfangen, sich selbst zu finden und Eigenes zu entwickeln, gehen oft ihre Beziehungen kaputt. Und zwar nicht nur, weil es die Männer nicht ertragen können, wie das alte System aus den Fugen gerät, sondern auch, weil die Frauen sich nicht trauen, ohne

Schuldgefühle zu ihrer neuerworbenen Andersartigkeit oder Eigenartigkeit auch in Gegenwart des Mannes zu stehen. So war es wohl auch bei mir. Statt mich mit Georg über die veränderten Positionen auszutauschen, sogar zu streiten, sind wir lieber auseinandergegangen. Entweder Rückfall in den Status quo oder Trennung. Gemeinsame Entwicklung zu etwas Neuem – das scheint nicht gegangen zu sein bei uns. In der Beziehung zu Jakob genieße ich es, daß ich so ganz anders sein kann als er und er so ganz anders als ich und wir uns trotzdem immer wiederfinden. Es erhöht auch den Reiz, wenn ein Fremder so vertraut wird, ganz eins wird mit dir, und dann wieder in seine eigene Welt zurückgeht. Ich will einen Traum erzählen: Jakob und ich liegen einander zugewandt. Einer sieht sich im anderen, wie in einem Spiegel. Der Raum zwischen uns beiden ist sehr licht, die Luft fließt wie Seide. Im Gesicht von Jakob werde nicht nur ich selbst zurückgespiegelt, sondern er schenkt mir sein Innerstes als mein Spiegelbild. Und umgekehrt ich ihm. Im Traum denke ich, nur dein Innerstes ist der wahre Spiegel für den anderen. Ich will durch den Spiegel greifen, um Jakob zu berühren. In der kristallenen Luft gibt es aber eine Grenze, die ich mit meiner Hand nicht verletzen will. Da nickt mir Jakob zu, ich könne durch den Spiegel greifen und ihn berühren. Die Grenze gibt nach, die Luft zerfließt. Wir kommen einen Raum weiter. Wir verneigen uns voreinander. Jakob ist der Andere, der Fremde, der Zeitlose. Wir kommen von weither, um uns in diesem Raum zu treffen.

MIRIAM: Für mich sind die Augen ein Weg, in diese anderen Räume einzutauchen. Augen sind für mich Tore. Es sind himmelweite Unterschiede, wie tief sich Menschen in die Augen blicken lassen. Mir scheint, es gibt eine geheime Luke im Auge, die sich mehr oder weniger weit öffnet. Wohlgemerkt, damit meine ich natürlich nicht die Pupille, die schließt und weitet sich auch, je nachdem, wie gern du jemand hast. Was ich meine, liegt noch dahinter: den anderen durch meine Augen hindurch in mich hineinfallen zu lassen und selber in ihn hineinzufallen.

RUTH: Früher war ich nicht in der Lage, einem Mann beim Orgasmus in die Augen zu blicken. Oder mir in die Augen blicken zu lassen. Und ganz beängstigend wär's gewesen, wenn es wechselseitig gelaufen wäre. Da war eine Scheu, mich so offen zu zeigen, aber auch eine Beklommenheit, einen Mann bei etwas so Persönlichem zu beobachten. Einmal habe ich ganz unbeabsichtigt die Augen eines Freundes während seines Orgasmus wahrgenommen. Das hat mich sehr geschockt. Oder ergriffen. Mir sind die Tränen gekommen. Erst später habe ich die Bedeutung der Augen für die Liebe entdeckt.

Früher, als ich selber emotional so zugeknöpft war, habe ich direkt geschwärmt für diese unnahbaren, einsamen Helden, die aus der Ferne auftauchten, sofort den Überblick hatten und alles souverän regelten, die Frau eine Nacht lang umarmten und dann wieder einsam verschwanden. Jetzt stößt sie mich ab, diese Unzugänglichkeit. Heute finde ich es erotisch, wenn ein Mann zeigen kann, was er fühlt, was ihn beschäftigt, was ihn berührt, wenn ein Mann imstande ist, sich auf eine dauerhafte Beziehung einzulassen, und nicht alles im Unverbindlichen hält. Aber sagt ihr doch mal, welche Art von Helden ihr euch wünscht.

MIRIAM: Wirklich interessant finde ich nur noch Männer, die nicht immer die Schotten dichtmachen, sondern passieren lassen. Das ist für mich wesentlich. Ich habe einen der schönsten Tage meines Lebens mit

Robert, meinem anderen Freund, an einem Fluß verbracht. Wir hatten auf einer Landzunge kampiert. Lange Zeit standen wir Arm in Arm auf einem Felsen am Ufer und schauten auf den Fluß. Von Zeit zu Zeit tauchten Kanufahrer auf. «Laissez passer» war der Spruch, mit dem wir jeden einzelnen vorbeiziehen ließen. So standen wir und verwandelten uns in Fabelwesen, halb Mensch, halb Tier, die seit Jahrtausenden diese Flußbiegung bewachten und passieren ließen, was da vorbeiströmte. Das Gefühl, ein herrliches Paar zu sein, war sehr stark.

SUSANNE: Ich glaube, nur in der Liebe können sich Menschen überhaupt das Gefühl geben, großartig zu sein. Wenn wir im Alltagsleben auch ohnmächtige Schlucker sind, die Liebe macht uns zu Königen. Vielleicht sind deshalb so viele süchtig danach.

RUTH: Liebe als Droge! Ich werde skeptisch, wenn Liebe zum Mittel wird, die Realität zu verlassen, der Flucht dient.

MIRIAM: Ich sehe das anders. Meine Erfahrung ist gerade umgekehrt: Je mehr innere Grenzen sich mit meinem Geliebten auflösen lassen, je mehr innere Bilder auftauchen, desto klarer und nüchterner kann ich meine Alltagsrealität wahrnehmen. Das macht mich aufnahmefähiger in beiden Richtungen, nach innen und nach außen.

SUSANNE: Verliebt sein, lieben macht mich insgesamt ansprechbarer. Ich bin dann zwar nicht an den anderen Männern interessiert, trotzdem nehme ich ihre erotische Ausstrahlung viel intensiver auf als sonst. Und ich habe selber, das fühle ich, in diesem Zustand auch eine stärkere Ausstrahlung.

MIRIAM: Das ist für mich kein Widerspruch. In solchen Zeiten passiert eben mehr. Passieren im Sinne von durchlassen. Und das spüren alle. Auch, wenn's nicht bewußt wird. Du wirst auf einmal lebendiger, weniger gefesselt durch Vorgefaßtes. Liebe befreit. Aber Befreiung ist auch Freisetzung, Aussetzung. Und das macht angst. Wenn aus einer Berührung kein Streicheln, sondern ein Ziehen durch deinen ganzen Körper wird, wenn eine Zärtlichkeit deine ganze Person erfaßt und dich davonträgt, wenn du dich im Orgasmus in unzählige Teilchen auflöst, dann kann das unheimlich werden. Dann willst du nicht verrückt werden, willst dich abwenden und nennst diesen Zustand Wahnsinn. Dabei stehst du doch nur an seinem Rand und tust einen kurzen Blick hinaus in die Endlosigkeit.

RUTH: Oder es kommt gar nicht erst so weit, und du bekommst schon im Vorfeld Ängste. Ich erinnere mich an einen Traum, den ich als Mädchen hatte: Ein Mann liegt auf mir wie eine unbewegliche Tonne, die mich erdrückt. Ich will schreien, aber er erstickt mit seiner Zunge meine Schreie, nimmt mir den Atem. Ich schreie tonlos, und es hört mich niemand. Er am allerwenigsten. Er hängt wie Blei an mir und zieht mich hinein in einen Abgrund. Damals hätte ich es nicht für möglich gehalten, daß ich mich überhaupt je für einen Männerkörper erwärmen würde.

MIRIAM: Jetzt muß ich euch auch einen Traum erzählen. Ich hatte meine Periode und mit Robert geschlafen, unmittelbar bevor ich träumte. Im Traum geriet ich in eine Kammer voll Blut. Ströme von Blut stürzten mir entgegen, ich watete durch rote Seen, aus dem Gesicht meines Geliebten flossen Bäche von Blut. Er schlitzte mich vom Zentrum meines Blutens bis zur Kehle, folterte mich, ich folterte ihn. Ich lag da mit blutendem Geschlecht. Ich gierte danach, ihm sein Glied zu entreißen. Diese Gier sang in mir, brachte meinen ganzen Körper zum Erklingen. Den Mann zermetzeln, ihn wimmernd sein ausgerissenes Glied betrachten lassen, hingeworfen wie ein Köder für Tiere. Damit eine Spur ziehen, um Hunde auf die blutige Fährte zu setzen. Ich sah all die Bilder des Grauens genau und blieb bei Sinnen. Ich sah, was ich anrichtete, ohne in einen Angsttaumel zu geraten. Aufgewacht bin ich mit dem Gefühl, endlich meine Blutrünstigkeit nicht mehr vor mir selber verheimlichen zu müssen. Eine Erleichterung und Bereicherung war das, endlich die Blutkammer in mir zu akzeptieren.

SUSANNE: Meine Blutrünstigkeit habe ich immer gespürt, wenn ich meine Haßanfälle gegen Georg bekam und ihn am liebsten körperlich attackiert hätte. Getan habe ich es natürlich nicht, weil ich kleiner und schwächer war. Das waren die Momente in meinem Leben, wo ich zutiefst bedauert habe, kein Mann zu sein. Mit allen Details konnte ich mir ausmalen, wie ich ihn blutigschlagen wollte. Mit blutiger Fresse sollte er am Boden liegen, zugerichtet wie von einem professionellen Schläger. Völlig zusammengeschlagen, das Gesicht eine einzige blutige Masse. Ich glaube, als Junge wäre ich ein übler Schläger geworden.

RUTH: In diese Blutorgie mag ich nicht einstimmen. Das macht mir unbehagliche Gefühle. Die körperliche Unterlegenheit als Frau hat mir nie zu schaffen gemacht. Eine Wut habe ich bekommen, wenn meine Mutter mir einschärfte, ich müsse es den Männern angenehm und behaglich machen, Rücksicht nehmen. Sonst würde ich keinen abbekommen.

SUSANNE: Rücksicht! Darin sind Frauen manchmal ganz verdreht. Ich habe mich früher immer verpflichtet gefühlt, Männern nie den Eindruck zu vermitteln, sie könnten uninteressant und langweilig sein. In meiner Gegenwart sollte sich jeder wie der tollste Hecht vorkommen. Immer mußte ich Männern eine Ego-Massage angedeihen lassen. Noch bei dem traurigsten Tropf fühlte ich mich für dessen seelisches Wohlbefinden verantwortlich. Nur weil er ein Mann war. Und ich eine Frau. Ob klitzeklein von Klitoris kommt? Erstaunlich, daß ich das eine ganze Reihe von Jahren durchgehalten habe. Und ebensolange habe ich geglaubt, alles auf meine Kappe nehmen zu müssen, wenn's im Sexuellen nicht recht klappte. Ich war überzeugt, richtige Frauen sind immer so hinreißend, daß sich ohne jede Verzögerung überall Tausendundeine Nacht ereignet, wo ihnen ein Mann begegnet, ganz gleichgültig welcher. Und ich war eben eine trübe Funzel.

MIRIAM: Genau besehen ist das doch Größenwahn. Aber ich kenne das auch von mir. Hatte im Bett was nicht geklappt, fühlte ich mich sofort verantwortlich dafür. Ich mußte erst ziemlich alt werden, bevor ich nicht nur vom Kopf her wußte: das machen wir beide miteinander, der Mann und ich, fifty-fifty. Inzwischen weiß ich, daß Männer mit genau denselben Unsicherheiten zu kämpfen haben.

RUTH: Aber sie verpacken sie anders. Und das stört mich so. Bei ihnen wird aus Unsicherheit ganz schnell Angeberei und Gönnerhaftigkeit. Und das macht mich wütend. Ich finde sowieso, daß wir Frauen oft viel zu nachsichtig sind. Ich kann Männer manchmal überhaupt nicht leiden. Aber das zeige ich kaum. Ich kneife – aus Rücksicht.

SUSANNE: Du meinst, wir sollten endlich mal ran an die Leichen, die wir im Keller haben? Dazu kann ich etwas beitragen. Nach dem Abitur fuhr ich nach Griechenland. Ich zigeunerte herum und blieb immer für längere Zeit dort, wo ich eine nette Clique traf.

Auf einer Insel hatte ich mich mit einigen Amerikanern angefreundet, die jeden Abend in einer Bar herumhingen. In diese Bar kam regelmäßig auch eine vielleicht 45jährige alleinreisende, sehr attraktive Frau aus New York. Man erzählte sich von ihr, sie habe Geld und sei ziemlich hinter Männern her. Ich beobachtete, wie einer der Amerikaner, der als Sohn griechischer Einwanderer die alte Heimat bereiste, mit der Frau tanzte und mit den Fingern prüfend eines ihrer Augenlider hochzog. Noch mit ihr tanzend, zwinkerte er mir zu. Dann blieb er mit ihr bei mir stehen und erklärte: Bei schummerigem Licht sei das die beste Methode, das Alter einer Frau festzustellen. Sei sie jung, würde das Lid elastisch zurückrutschen. Außerdem könne man auch mit Hilfe der Fingernägel prüfen, wie abgehangen das Fleisch sei, das man in den Armen halte. Je frischer, desto biegsamer die Nägel. Die Frau erstarrte bei dieser Fleischbeschau. Kurz darauf verließ sie mit Tränen in den Augen das Lokal. Hilflos sagte ich dem Kerl meine Meinung: male chauvinist pig! Er lachte mich aus. Ich sei doch noch jung, bei mir sei alles so, wie es sein müsse. Ich hätte ihm ins Gesicht schlagen sollen. Aber da habe ich auch gekniffen.

RUTH: Das ist so ein kalter, gnadenloser Blick. Ich fühle mich entsetzlich ausgeliefert. Und bekomme einen großen Haß. Als wenn Männer nicht alterten!

MIRIAM: Wenn du als Frau zu alt bist, um noch glaubwürdig die Tochter zu spielen, wirst du von den Männern automatisch in die Mutterrolle befördert. Und im Handumdrehen hast du es verpaßt, eine Frau zu sein. Nie wirklich Frau sein, immer nur zwischen Tochter- und Mutterrolle hin- und hertaumeln, das ist doch die wahre Infantilisierung der Frau. Und dagegen wehre ich mich.

RUTH: Da müßten die patriarchalischen Strukturen ja sehr wirksam sein, wenn das alles für Männer noch ganz selbstverständlich wäre. Ich kann daran nicht glauben. Ich halte das für ein Klischee.

MIRIAM: Nur sehr wenige Männer sind bereit – jedenfalls in festen Beziehungen –, eine Frau aus ihrer Tochter- oder Mutterrolle zu entlassen. Ich bin sicher, das ist Angst. Als Tochter oder Mutter ist die Frau entschärft! Der Typ damals in Griechenland, der wollte doch keine Frau, die liebt und atmet, die ihre Erfahrungen und ihre Geschichte hat, der wollte eine Puppe mit Schlafzimmeraugen. Dem wäre in dieser Frau möglicherweise ein Mensch begegnet mit starken Wünschen und Hoffnungen, vielleicht auch mit Depressionen und Bitterkeit. Aber eine lebendige Frau und kein Produkt vom Fließband, das einzig und allein durch das Gütesiegel «Jugend» einen gewissen Marktwert hat. Ich weiß aber von mir selbst, wie gnadenlos ich manchmal mich selbst und andere Frauen taxiere. Meine Falten und meine paar Speckrollen gehören doch zu mir, aber manchmal kann ich sie mir nicht verzeihen. Das sind dann die Momente, in denen es mich mit Wehmut erfüllt, daß es seit meiner Scheidung keinen mehr gibt, mit dem ich mich gemeinsam an meinen Körper als ganz junge Frau, an die Zeit vor der Geburt meiner Tochter, erinnern kann. Er war der erste Mann in meinem Leben, und das Kind kam sehr bald. Er ist der einzige Zeuge dieser versunkenen Zeit. Das Mädchen Miriam, in seiner körperlichen Realität, kannte nur dieser eine. Als hätte er ein Geheimnis mitgenommen. Ich kann zwar mit anderen Männern jung sein, sogar zum Kind werden, aber die Erinnerung an meine Mädchenhaftigkeit war mir nur in der Beziehung zu meinem geschiedenen Mann zugänglich.

SUSANNE: Für mich hört sich das an, als würde dich das immer noch schmerzen. Aber überläßt du damit deinem früheren Mann nicht zuviel? Das klingt ja so, als könnte nur er dir einen Abschnitt deines Lebens oder einen Teil deines Körpergefühls widerspiegeln. Als wäre seine Erinnerung an dich als ganz junge mädchenhafte Frau auch für dich der einzige Zugang zu der Miriam von damals. Wenn das so ist, dann mußt du dir aber schleunigst den Schlüssel zu diesem Tresor besorgen, in den du dich selbst eingeschlossen hast!

MIRIAM: Das ist nicht der Punkt, um den es mir geht. Mir geht es um diese verfluchten Männerblicke, mit denen ich mich so oft betrachtet habe und denen ich dann am liebsten einen bildschönen Mädchenkörper vorgeführt hätte. Ich habe das mühsam lernen müssen, den Männern, die im Laufe meines Lebens für mich wichtig wurden, den Körper einer Frau anzubieten, einer Frau, die ein Kind geboren hat, was nicht ohne Spuren geblieben ist. In mir gab es lange Zeit diese Spaltung: entweder Mädchenfrau, sprich Tochter, oder Matrone und damit jenseits von Gut und Böse. Mit keinem von ihnen, die mich ja nicht von früher her kannten, konnte ich den Verlust der Mädchenhaftigkeit meiner Brüste betrauern, noch die Erinnerung an das Entzücken beim Entstehen der neuen, birnenförmigen Brüste während Schwangerschaft und Stillzeit wiederbeleben. Ich war mit diesen späteren Männern ohne den Bonus meiner vergangenen jugendlichen Schönheit zusammen. Aber ich wußte auch, daß ich es riskieren mußte, diese alte Schablone abzulegen, oder ich wäre für immer festgenagelt auf diese einschränkende Alternative: Tochter oder Mutter. Ich habe einen Kampf darum geführt, als Frau, vor allem als Frau wahrgenommen zu werden und mich selber wahrzunehmen. Das war fast wie eine Geburt. Ganz allmählich spürte ich, daß ich eine Frau war, eine erwachsene Frau mit einem erwachsenen Körper. Noch längst nicht jenseits von Gut und Böse, aber jenseits von Mädchen und Matrone. Das ist für mich eine Befreiung!

Ruth: Vielleicht hast du diese Skrupel ja auch gehabt, weil dein Gewissen dich geplagt hat. Schließlich bist du ja während deiner Ehe ganz munter fremdgegangen. Und das Fremdgehen ist nicht immer eine muntere Angelegenheit. Ich würde nicht behaupten, die Tatsache, daß dein Mann auch untreu war, hätte dir die Schuldgefühle genommen. Vielleicht wäre das nur gerecht gewesen, aber die Illusion habe ich nicht, man könne rasch mal eben einen Seitensprung tun, als wäre das gar nichts.

Susanne: Ich kann nur von mir sagen, daß ich Georg gegenüber manchmal triumphiert habe, wenn ich einen neuen Liebhaber erobert hatte. Ich wollte es ihm einfach zeigen! Ich gebe zu, oft hat mich dann doch der Katzenjammer eingeholt, vor allem, wenn Georg überhaupt nicht beeindruckt schien und ich sogar beim Fremdgehen von ihm abhängig blieb, indem ich ständig seine Reaktionen beobachtete. Und als ich dann zum erstenmal wirklich abgeschwirrt bin, als ich mir ganz ernsthaft vorstellen konnte, mit diesem anderen versuche ich etwas, das könnte Perspektive haben, da war mein Triumphgefühl sehr milde. Und auch meine Schuldgefühle. Das war etwas, das jenseits dieses ständigen Kampfes lag. Das hatte eine eigene Realität, war nicht so sehr durch meine Beziehung zu Georg bestimmt und hatte darum auch was viel Freieres. Gescheitert ist es dann doch nach kurzer Zeit. Denn ich war mit neurotischer Sicherheit wieder in ein Dreiecksverhältnis geraten. Und die andere

Frau hat nicht mitgespielt. Der Mann war übrigens um einiges jünger als ich.

MIRIAM: Stefan ist ja auch jünger als ich. Aber wenn ich daran denke, was für Skrupel ich hatte, als ich mich zum erstenmal in einen allerdings sehr viel jüngeren Mann verliebte, dann kann ich nur sagen, selbstverständlich ist diese Entwicklung für mich nicht gewesen. Ich habe damals einen Kurs geleitet, und er war einer der Teilnehmer. Anfang Zwanzig wird er gewesen sein, wirkte noch sehr jungenhaft, fuhr Taxi und strickte Pullover und war einfach sehr lebendig, unbekümmert, phantasievoll. Ich war richtig verknallt, aber ich habe mich nicht an ihn herangetraut. Die 15 Jahre Altersunterschied haben mich noch am wenigsten geschreckt. Blockiert war ich vielleicht mehr durch meine Rolle als Leiterin des Kurses, also durch die Autorität, die ich in diesem Rahmen hatte. Ich bin sicher, jeder Mann in meiner Situation hätte die Gelegenheit genutzt. Keiner hätte meine Ängste gehabt. Zumal der Junge mir zu verstehen gab, daß er mich mochte. Der war durch den Altersunterschied offenbar gar nicht so verschreckt wie ich. Er schien aber darauf zu bestehen, daß die Initiative von mir ausgehen müsse. Den ersten Schritt mußte ich wagen. Aber das war für mich in dieser Situation tabu. Ich war damals sehr enttäuscht von mir, fand mich einen Hasenfuß. Aber ich konnte nicht über meinen Schatten springen.

RUTH: Vielleicht wolltest du deine Position in dem Kurs nicht ausnutzen, um jemanden zu erobern.

MIRIAM: Bestimmt nicht! Damals war ich ja überzeugt, daß ich auf Männer anziehend wirke trotz und nicht etwa wegen meines beruflichen Könnens. Im Gegenteil. Ich war bemüht, diese Seite im Kontakt mit Männern herunterzuspielen. Zu oft hatte ich erlebt, daß Männer eine gewisse Vorsicht, um nicht zu sagen Angst, an den Tag legten, wenn sie mit selbständigen Frauen zu tun hatten. Vielleicht war mir damals meine berufliche Eigenständigkeit selber nicht ganz geheuer gewesen. Wahrscheinlich glaubte ich auch an das Klischee, solche Frauen seien Blaustrümpfe. Das war meine Form von Machismo. Erst viele Jahre später habe ich entdeckt, daß es Männer gibt, für die sich die Attraktivität einer Frau sogar erhöht, wenn sie erfolgreich ist. Die liebten mich nicht nur wegen meiner schönen Augen und so weiter. Die interessierten sich für die ganze Person, die ich war. Heute könnte ich mir natürlich keine Beziehung zu einem Mann vorstellen, bei dem ich meine beruflichen Ambitionen verleugnen müßte. Aber damals bei dem jungen bestrickenden Taxifahrer war ich unfähig, auf ihn zuzugehen.

RUTH: Ich habe einmal die Begegnung mit einem viel jüngeren Mann sehr genossen. Für den war ich die erste Frau überhaupt. Das war sehr aufregend. Er war vom Dorf in die Stadt gekommen, aus einem ganz strengen, katholischen Elternhaus. Und war ganz scharf darauf, endlich zu einer Frau ins Bett zu kommen. Er hatte etwas Altmodisches, hatte mit seinen 19 Jahren noch nicht einmal eine Frau geküßt. Er war völlig unerfahren und stand unter einem starken Druck. Wir haben einen richtigen Tauschhandel gemacht: Er hat mir geholfen, mein Fahrrad zu reparieren, und ich habe ihn dann hinterher in meine Wohnung eingeladen. Ich kam mir dabei sehr großartig vor – die erfahrene Kurtisane, die den gehemmten jungen Mann in die Geheimnisse der Liebe einführt. Und ich muß sagen, er hat sich überhaupt nicht ungeschickt angestellt. Ich fand es herrlich, was für eine Intensität er hatte. Kein Wunder, schließlich hatte er ungefähr 19 Jahre darauf gewartet. Ich habe sein Staunen und Entzücken darüber, was mit zwei Körpern alles geschehen kann, sehr genossen. Wie er hieß, weiß ich gar nicht mehr, aber vergessen werde ich die Begegnung mit meiner männlichen Jungfrau sicherlich nie. Seither kann ich mich gut in Menschen einfühlen, die ganz junge, unerfahrene Partner bevorzugen. Ich glaube nicht, daß das Gefühl, die Überlegene zu sein, dabei das Entscheidende ist. Für mich war es vielmehr seine selige Fassungslosigkeit, endlich, endlich ans Ziel gelangt zu sein, seine übermütige Freude, sich selbst und auch mir soviel Befriedigung verschafft zu haben, was mich so sehr berührt hat.

MIRIAM: Wie ist es dann weitergegangen? Hast du noch eine Zeitlang Lehrmeisterin gespielt?

RUTH: Für eine intensivere Beziehung war er mir denn doch zu jung. Auf die Dauer wäre ich mir komisch vorgekommen mit einem Neunzehnjährigen an meiner Seite.

MIRIAM: Vielleicht war er ja wirklich zu jung. Aber ich glaube, was uns mehr beeinträchtigt, das sind die vertrackten Konventionen. Um die Liebe zu erleben, kommt es nicht aufs Alter an oder auf Schönheit oder Reichtum oder sonstwas. Du kannst einen Krüppel lieben, einen Zwerg, wen auch immer. Zusammenleben kannst du vielleicht nicht mit ihm! Das ist etwas ganz anderes, ob sich die Liebe auch mit der Konvention und all unseren Vorstellungen vom richtigen Leben verträgt.

RUTH: Jochen ist ja nur wenige Jahre jünger als ich. Kurz bevor wir heirateten, hat meine Mutter mich noch einmal ins Gebet genommen, ob ich es denn wirklich riskieren wolle, einen fünf Jahre jüngeren Mann zu heiraten. Heute sei das ja noch kein Problem, aber wer garantiere für später? Die Männer seien doch immer auf was Jüngeres aus. Schließlich hätten das alle Frauen unserer Familie bitter erfahren müssen. Selbst mein Vater, dieser grundsolide Mann, sei dagegen nicht gefeit gewesen. Natürlich habe ich meiner· Mutter kein Wort abgenommen und ihr Spießigkeit vorgeworfen, aber so ganz frei machen konnte ich mich davon nicht. Insgeheim kannte ich diese Sorgen und Ängste auch. Erst ein Traum hat mich zuversichtlich gemacht: Jochen und ich saßen uns auf einer Drehscheibe gegenüber. Ich war eine Greisin mit weißem Haar und Jochen ein ganz junger Mann. Wir hielten uns an den Händen, und es war ganz klar, daß wir ein Brautpaar waren. Ich wunderte mich im Traum, daß die Heirat eines so ungleichen Paares überhaupt erlaubt sei. Da begann die Drehscheibe, sich langsam vom Boden zu heben. Sie schraubte sich höher und höher, und mit jeder Drehung wechselte unser Alter. Mal war Jochen der Greis und ich das junge Mädchen, mal waren wir gleichaltrig, beide Erwachsene, beide Kinder. Wir saßen ganz ruhig auf unserer schwebenden Drehscheibe. Jedes Alter und jeder Altersunterschied war uns willkommen.

Miriam: Ich kenne nur zwei Paare, bei denen ich mir denke, daß sie über einen langen Zeitraum eine Partnerschaft verwirklicht hatten, die auch noch ein erotisches Moment ahnen ließ. Bei dem einen Paar habe ich daneben getippt. Das brach nach über 30jähriger Ehe mit giftiger Feindseligkeit auseinander. Bei dem anderen Paar glaube ich noch an ihr Glück. Jedenfalls wünsche ich sehr, daß die beiden sich noch lange lieben. Bis daß der Tod sie scheidet.

Ruth: Zwei Veteranen des Geschlechterkampfes, die sich wirklich noch etwas zu sagen haben? An diesen seltenen Exemplaren hängt mein Herz. Ich werde dann immer ganz neugierig: Wie haben die das bloß geschafft? Von solchen Paaren möchte ich lernen für meine eigene Ehe.

MIRIAM: Dieser Mann, der mir mit seiner Frau so glücklich vorkommt, hat einmal über Sexualität im Alter gesprochen. Und ich vermutete natürlich, daß da seine eigene Erfahrung durchschimmerte. Er sagte: Wenn ein Paar, das gemeinsam alt geworden ist, sexuell zusammen wäre, dann käme noch einmal die Jugend der beiden zurück oder wenigstens die lebendige Erinnerung daran.

SUSANNE: Das klingt zu schön, um wahr zu sein. Obwohl ich mir vorstellen kann, was er mit dieser gegenseitigen Verjüngung meinte. Ich habe auf einem Klassentreffen meinen Schulfreund wiedergetroffen, also meinen ersten Freund. Und nach so langer Zeit habe ich wieder mit ihm geschlafen. Das ist ein ganz seltsames, verwirrendes Erlebnis, mit einem Mann wieder ins Bett zu gehen, mit dem du vor 20 Jahren geschmust, geknutscht und geschlafen hast, als ihr beide 17 oder 18 wart. Die Zeit stand plötzlich still! Es war, als sei ich durch einen Brunnenschacht gefallen und nun wieder 17. Unsere Küsse und Umarmungen waren so vertraut, fühlten sich ganz so an wie früher, und doch waren wir uns natürlich fremd geworden, jeder mit seiner eigenen Geschichte, mit seinen Erfahrungen in der Liebe. Waren wir Kinder, die Erwachsensein spielten, oder Erwachsene, die wieder zu Teenagern geworden waren? Vom Gefühl her waren wir beides. Wir waren in eine Zeittrommel geraten, die unsere Geschichte durcheinander mischte. Meinem wiedergefundenen Liebhaber schien es genauso zu gehen. Er sagte, meine Brüste seien noch genauso wie damals. Für ihn war es so. Und für mich wurde es auch so. Für diese Nacht war es unsere Wahrheit.

RUTH: Und wie war die Rückkehr zu Jakob? Ich wüßte gar nicht, wie ich mich Jochen gegenüber verhalten sollte. Das kommt mir alles zu gewagt vor. Die eigentliche Beziehung wird mir dabei zu sehr aufs Spiel gesetzt! Nur um einmal durch die Zeitmaschine genudelt zu werden?

SUSANNE: Ich habe überhaupt nicht befürchtet, meine Beziehung zu Jakob zu riskieren. Die Nacht mit meinem Schulfreund war allein meine Sache, etwas Extraterritoriales. Das hatte überhaupt nichts mit Jakob zu tun. Also gab es keine Gefährdung. Im Gegenteil. Die Erfahrung hat mich bereichert. Und etwas davon ist mit Sicherheit in mein Leben mit Jakob eingeflossen. Ich fühlte mich abgerundeter, vollständiger danach. Vergangenes war wiederaufgetaucht und für mich gefühlsmäßig wieder erreichbar. Ich fühle mich nicht mehr abgeschnitten von einer Zeit in meinem Leben, die durch Georgs Erscheinen ausradiert worden war. Ich habe ja lange Jahre so getan, als hätte mein Leben erst wirklich begonnen, nachdem ich mit Georg zusammengetroffen bin.

MIRIAM: Das kannst du aber nicht Georg anlasten. So eine extreme Selbstaufgabe ist schon eine Leistung. Aber ich kann's auch verstehen. Der erste Mann im Leben, der so ganz entscheidend wird für eine Frau, der dazu beiträgt, daß sie ein neues Leben beginnt oder überhaupt erst zu leben meint – der nimmt wahrscheinlich bei jeder einen besonderen Platz ein. So sehe ich heute auch meinen geschiedenen Mann. Und er war nicht nur der «erste», er ist auch der Vater meines Kindes. Und das ist Georg für Susanne schließlich auch.

RUTH: Ich habe keine Kinder. Vielleicht kann ich mich nicht so gut einfühlen, wie das dann wäre. Aber ich finde es unerklärlich, warum Susanne so lange

Zeit ihr Leben durch Georg hat bestimmen lassen. Das grenzt ja an Hörigkeit. Wenn nicht körperliche, dann seelische. Und immer braucht sie irgendwelche Männer, die sie wieder rund und ganz und konturiert machen. Das ist doch eine schreckliche Abhängigkeit. Ich kann es einfach nicht glauben, daß du mit Jakob nicht auch wieder so ein Spiel machst. Du schwärmst davon, was alles an tiefer Süße zwischen euch möglich ist und wie sehr du dich geheilt fühlst. Aber wer garantiert dir, daß du nicht wieder nur his Fair Lady bist?

MIRIAM: Aber Susanne fühlt sich heute doch einfach viel mehr als sie selbst. Warum willst du ihr das nicht abnehmen? Was Susanne über das Anderssein oder Fremdsein gesagt hat, zeigt doch, daß sie inzwischen Grenzen ziehen kann. Mehr oder weniger. So wie wir alle das mehr oder weniger können.

SUSANNE: Wenn ich schon gar nichts selber tue in deinen Augen, dann suche ich mir die Männer wenigstens aus, mit denen ich mein Selbst neu formuliere. Vielleicht habe ich es wirklich so gemacht, daß ich es immer den Männern in meinem Leben überlassen habe, zu definieren, was ich bin. Aber selbst Georg hat sicher oft nur das ausgesprochen, was meine eigenen Vorstellungen von mir waren. In Zeiten, wenn ich ohne Ressentiment an ihn denke, tut es mir leid, wie ich ihn auf unmerkliche Weise in die Rolle des Mentors, des Tutors, des Gönners, des Gurus gelockt habe, um ihn dann hinterher um so heftiger anklagen zu können. Je mehr ich das erkennen kann, desto mehr will ich die Verantwortung für unser Scheitern mit tragen. Das gibt mir schon das Gefühl, inzwischen ziemlich gut zu wissen, was ich bin. In der Zeit, als ich Georg nach unserer Trennung noch sehr gehaßt habe, da hätte ich eine Sache am liebsten rückgängig gemacht, die sich unter keinen Umständen rückgängig machen läßt: Er sollte nicht mehr der Vater meines Sohnes sein. Das Kind habe ich heiß und innig geliebt, aber daß Georg sein Erzeuger war, machte mich hilflos wütend. Dem Kind konnte ich seinen Vater nicht vorenthalten, zumal die beiden sehr aneinander hängen und glücklich zusammen sind. Aber das führte mir unerbittlich vor Augen, daß dieses Band der gemeinsamen Elternschaft mich wohl immer an ihn binden würde.

MIRIAM: Du hast ja erzählt, daß die erste Zeit mit Kind für euch beide die beste Zeit war, jedenfalls aus deiner Sicht. Vielleicht wolltest du deswegen nach der Trennung am liebsten alles mit Stumpf und Stiel ausreißen, um daran nicht mehr erinnert zu werden.

SUSANNE: Mit Stumpf und Stiel hätte ja bedeutet, mich auch von dem Kind loszureißen. Das Kind hätte ich nie hergegeben. Aber dadurch, daß mein Kind auch sein Kind war, konnte ich ihn nicht aus meinem Leben ausmerzen, wie ich es damals am liebsten gemacht hätte. Vollkommen ausrotten! Nichts Gutes lassen an der gemeinsamen Vergangenheit. Darüber hätte ich beinahe vergessen, daß ich damit auch einen Teil meines eigenen Lebens ausgelöscht hätte. Ich habe es als bitter empfunden, durch das Kind ständig an ihn erinnert zu werden. Aber das Bittere daran war in Wirklichkeit die Erkenntnis, meinen Teil der Verantwortung für die Jahre mit Georg übernehmen zu müssen. Ich habe mich lange geweigert, das zu akzeptieren. Am liebsten hätte ich so getan, als sei das alles ohne mein Zutun über mich hereingebrochen. Heute weiß ich es besser.

RUTH: Und das gibt dir genug Sicherheit, nicht wieder in so eine Falle zu geraten?

SUSANNE: Ob ich je wieder in eine Falle gerate oder

nicht, dafür kann ich nicht garantieren. Aber wenn ich in eine neue Falle geraten sollte, dann werde ich eines mit Bestimmtheit wissen: daß ich beim Graben dieser Fallgrube ordentlich mitgeholfen habe. Es macht einen entscheidenden Unterschied, wenn du dir das endlich eingestehst. Dadurch bin ich auch Georg gegenüber viel versöhnlicher geworden.

MIRIAM: Könnt ihr beide heute eigentlich über eure Vergangenheit reden?

SUSANNE: Ach, reden konnten wir immer. Aber geholfen hat es nicht. Wir haben vielleicht sogar zuviel geredet, zerredet. Auch zuviel psychologisiert. Wir waren versessen darauf, Tag und Nacht dem anderen alles haarklein zu erklären und zu deuten. Zwei Leute, die sich gegenseitig zu therapieren versuchen, das ist der Untergang jeder Beziehung. Aber es gibt inzwischen so ein unausgesprochenes Verständnis füreinander, fast ein klein wenig liebevoller Spott darüber, was wir so grotesk, schmerzlich und haßerfüllt miteinander inszeniert haben. Manchmal huscht ein Bild durch meinen Kopf, dann sehe ich uns auf einer Parkbank sitzen, hundert Jahre alt, unsere Ururenkel betrachtend, wie die im Sand spielen.

MIRIAM: Eine Idylle. Das würde ich aber nicht dem Jakob verraten. Na ja, vielleicht sitzt du ja eines fernen Tages einträchtig mit Georg und Jakob auf der Parkbank und betrachtest als Große Mutter auch die Enkelchen, die du mit Jakob hast.

RUTH: Und wenn sie nicht gestorben sind . . .

MIRIAM: Ach Ruth, laß doch mal was entstehen, ohne es gleich mit Worten niederzumachen! Vielleicht ist das ja alles viel zu harmonisierend. Aber der Wunsch nach Versöhnung ist doch kein Kitsch. Wenn schon die Liebe vergeht, warum sollte dann nicht auch der Haß vergehen?

SUSANNE: Vor allem möchte ich auch Energie haben für etwas anderes als nur den Beziehungsclinch. Auseinandersetzung ist gut, aber nicht als Lebensprogramm. Man muß Raum haben für ein Leben außerhalb dieses Seelendschungels. Mit Georg hatte ich jahrelang nur Augen für unser gemeinsames Elend. Ich war einzig und allein konzentriert auf das, was wir beide miteinander taten. Um uns herum hätte die Welt untergehen können, ich hätte nichts davon gemerkt.

MIRIAM: Ich finde auch, daß nichts fruchtloser ist als ständiges Herumwühlen in der Beziehungskiste. Schmutzige Wäsche kannst du da endlos herausziehen. Das Wühlen in dem ganzen Gelumpe ist ja manchmal wie ein Zwang. Nein, nein, irgendwann muß auch bei den Beziehungskisten der Deckel drauf. Den Schlüssel dazu muß man ja nicht gleich wegwerfen. Dann kann man im Bedarfsfall immer wieder dran. Ich hätte gerne mit meinem geschiedenen Mann nach all den Jahren eine versöhnlichere Beziehung. Nicht wegen meiner Tochter, die ist mit ihren vierzehn Jahren alt genug, ihre Beziehung zu ihrem Vater selber zu regeln. Das klappt auch ganz gut mit den beiden. Aber ich spüre einfach, wie er mir unsere Trennung immer noch nachträgt.

RUTH: Wieso? Du hast doch erzählt, daß er es war, der nicht mehr zu dir zurückwollte. Also hat er doch die Trennung gewollt.

MIRIAM: Ja, die Trennung ging von ihm aus. Schließlich wollte ja er eine andere Frau heiraten. Aber das hatte natürlich seine Vorgeschichte. Ich habe ihn getroffen, als ich achtzehn war, und habe mich bis über beide Ohren in ihn verliebt. Er hatte wirklich etwas von meinem Räuberhauptmann an sich. Er war fast dreißig, sportlich, selbstsicher, war gerade aus Südamerika zurückgekommen und wollte in die Firma meines Vaters eintreten.

SUSANNE: Das ist ja aus dem bürgerlichen Bilderbuch!

MIRIAM: Stimmt wohl. Ich erträumte mir von ihm natürlich so etwas wie eine Befreiung aus dem Elternhaus. Hinein in all die Abenteuer, die die Welt zu bieten hatte! Ich brauchte nur noch einen Fährtenleser! Mit ihm wäre ich auf der Stelle in den Dschungel gegangen oder wer weiß wohin. Statt dessen bin ich durch die Heirat nur noch fester an mein Elternhaus gebunden worden.

SUSANNE: Oder hast dich binden lassen. Hättest du dich in einen Mann verliebt, der mit deinem Vater beruflich nicht so eng zu tun gehabt hätte, wärst du vielleicht wirklich von zu Hause weggekommen. Schließlich wird er nicht der einzige jüngere Mann in deiner Umgebung gewesen sein.

MIRIAM: Seine Attraktivität bestand für mich wohl darin, daß er mit dem Flair des Abenteurers eine sehr konventionelle Lebensform anbieten konnte. Und ich war weit davon entfernt, mich über die Grenzen der bürgerlichen Konventionen hinauszuwagen. Ich liebte ihn also als meinen endlich aufgetauchten Räuberhauptmann. Unsere Abenteuer beschränkten sich auf die körperliche Liebe, alles andere blieb beim alten. So findet nun mal jeder seine Schliche, in vermeintlich neue Räume vorzudringen, die sich dann nur als die frischtapezierten alten herausstellen. Wenn man weitersucht, findet man aber vielleicht doch eine Tapetentür, die in ein unbekanntes Zimmer führt. Das hab ich später auch erlebt. Aber erst einmal wurde ich schwanger. Ich war stolz auf meinen immer größer werdenden Bauch und habe mit einer Mischung aus Entzücken und Entsetzen meine Brüste zu zwei immer voller werdenden birnenförmigen

Kürbissen anschwellen sehen. Es war phänomenal. Honigmelonen nannte mein Mann sie. Wir warteten glücklich auf das kommende Kind. Ich litt nicht unter Übelkeit, hatte auch sonst keine Beschwerden, sondern, im Gegenteil, einen erhöhten Appetit auf Schmusen und Sex.

SUSANNE: Das ging mir mit Georg genauso. Nach anfänglicher Übelkeit erfüllte mich körperliche Zufriedenheit. Das hat sich noch bis in die Stillzeit fortgesetzt. Manchmal hatte ich die Phantasie, daß ich nicht nur meinen Sohn stillte, sondern gleichzeitig mich selbst und Georg noch mit. Wir waren eine Dreieinigkeit. Das schönste Dreiecksverhältnis, das ich je hatte. Und Georg hat mitgemacht, war damit einverstanden – eigentlich zu meiner Überraschung. Da war er ganz weich in den ersten Monaten nach der Geburt von Moritz.

MIRIAM: Jan konnte nach der Geburt von Julia nicht mehr so mitschwingen. Er war stolz und glücklich, aber das Stillen schien ihm unheimlich zu sein. Während er vorher mit meinem Körper so unbefangen umgegangen war und es genossen hatte, meine «Honigmelonen» in seinen Händen zu wiegen, mich überhaupt viel zu berühren und an allen körperlichen Veränderungen teilzunehmen, betrachtete er meine Brüste, an deren Spendabilität ich mich ergötzte, jetzt mit großer Scheu. Als wir dann wieder sexuell zusammen waren, machte sich das besonders bemerkbar. Ich erlebte eine Phase der Seligkeit: Ich genoß beim Orgasmus, wie meine Brüste überflossen. Liebe, Körper, Kind, alles strömte. Ich war meinem Mann tief dankbar, der solche Glücksgefühle hervorrufen konnte, weil er dieses Kind mit mir gezeugt hatte. Jan dagegen wurde zurückhaltender, vorsichtiger, wandte sich immer mehr ab. Er kümmerte sich verstärkt um seine

Arbeit, blieb abendelang im Büro, spielte wieder viel Tennis und hatte kaum noch das Bedürfnis, mit mir ins Bett zu gehen. In meiner Still-Seligkeit habe ich zunächst seinen Rückzug nicht bemerkt. Wenn er nicht von sich aus zu mir kam, bin ich zu ihm unter die Decke gekrochen. Weil die kleine Julia ziemlich bald mehrere Stunden durchschlief, war ich nicht so übermüdet wie viele Mütter. Außerdem hatte ich eine Putzfrau, die mir auch beim Kind half. Ich hatte in dieser Zeit die besten Bedingungen, meine Lebenslust auszuleben. Ich fühlte mich wie in einem Paradies, glücklich mit meinem Baby an der Brust und glücklich mit meinem starken körperlichen Verlangen nach dem Vater dieses Kindes. Ich habe schließlich doch begriffen, daß die ganze Situation nicht stimmte, denn Jan spielte nicht mit. Ihm war mein sexuelles Verlangen nicht geheuer. «Sie hat doch ein Kind zu stillen, warum will sie auch noch ihre eigenen Begierden stillen?»

RUTH: Junge Mutter mit Kind an der Brust, und dann will sie noch Sex! Gipfel der Schamlosigkeit!

MIRIAM: Ja, ich war ohne Scham, und du kannst dir nicht vorstellen, wie ich das genossen habe. Aber als ich damit immer mehr ins Leere lief, wurde ich unsicher. Waren meine Bedürfnisse zu übertrieben? Jan gab mir das immer deutlicher zu verstehen, und langsam begann ich, ihm zu glauben und mich für meine Wünsche zu schämen. Ich bekam ein schlechtes Gewissen, weil ich mich ihm so aufgedrängt hatte. Außerdem hatte ich ihn vielleicht auch zu sehr von der Arbeit abgehalten. Mit seiner Arbeit hatte auch mein Vater alles begründet, was er gegen die Wünsche meiner Mutter durchsetzen wollte.

SUSANNE: Du hattest angefangen, die gute Ehefrau zu werden, der der berufliche Erfolg des Gatten ebenso am Herzen lag wie ihm und die sich im übrigen auf ihre Mutterfreuden mit einem niedlichen Baby beschränkt.

MIRIAM: So klischeehaft hat es sich nicht entwickelt. Ich war natürlich eine Zeitlang bedrückt und enttäuscht, dann habe ich versucht, mich damit zu arrangieren, daß mein Mann mich nicht so sehr als Frau sah, sondern primär als Mutter seines Kindes. Heute glaube ich, daß er vor diesen elementaren Vorgängen in meinem Körper Angst hatte und daß ihn meine Lust, beides zu sein, Frau und Mutter, durcheinanderbrachte. Ich liebte das Baby, aber ich dachte nicht daran, ihn als Mann auszuschließen. Kurzum: es kam anders als ersehnt. Ich nahm mein Studium wieder auf. Es dauerte nicht lange, bis mir aufging, daß Jan sich immer wieder mal anderen Frauen zuwandte.

SUSANNE: Ich möchte wetten, daß diese Nebenfrauen keine Kinder hatten. Denn das war die Barriere für deinen Mann: eine Mutter, die ihn verführen will. Mutter ist etwas Schönes und Gutes. Aber Mutter mit Geschlechtstrieb? Nein, danke!

MIRIAM: Als ich mich wieder aufgerafft hatte, habe ich auch eine Affäre angefangen. Das hat Jan tief verletzt. Er hegte nämlich noch immer sein Bild von der heilen Familie. Was er tat, dachte er, berührte die familiäre Sphäre nicht. Was ich tat, bedrohte die Familie dagegen sehr, so dachte er. Das war unverzeihlich, zumal ich im Laufe unserer Ehe nicht nur einen Liebhaber hatte. Daß er sich von mir trennen wollte, macht er heute noch mir zum Vorwurf: Wenn ich die Familie nicht zerstört hätte mit meinen Eskapaden und meinem Ehrgeiz, er wäre immer zu mir zurückgekehrt. Und da er weiß, daß ich seit zwei Jahren außer zu Stefan auch noch eine Beziehung zu Robert habe, ist für ihn damit neuerlich bewiesen, daß auf mich kein Verlaß ist, daß ich egoistisch nur meinem Vergnügen lebe und klare Verhältnisse scheue.

SUSANNE: Dann wundert's mich aber, daß er dir Julia überlassen hat.

MIRIAM: So verwunderlich ist das nicht. Die Mutter-Kind-Einheit ist für ihn etwas Unantastbares. Das war ja die Crux: Für Jan gehört ein Kind der Mutter, auch wenn diese für seine Begriffe kein Familienbewußtsein hat.

RUTH: Und wie steht es nun wirklich um dein Familienbewußtsein? Jochen und ich wünschen uns auch Kinder. Also, ich kann mir so eine kleine Familie gut vorstellen. Aber du, mit deinen zwei Männern gleichzeitig? Willst du eigentlich noch Kinder? Und von wem?

MIRIAM: Nein, ich will kein weiteres Kind. Julia ist jetzt schon groß, und es macht mir viel Freude, ihr Erwachsenwerden zu begleiten. Außerdem genieße ich die zunehmende Freiheit von meinen mütterlichen Verpflichtungen. Ich kann jetzt wieder mehr allein anfangen, kann mich an neue Projekte heranwagen. Das bekommt mir sehr gut. Ich wittere Morgenluft. Aber Stefan wünscht sich ein Kind von mir. Mir wird das Herz schwer, wenn ich ihm nein sage. Er hat ja keine Kinder. Und ich verstehe seinen Wunsch sehr gut.

RUTH: Mir gefallen Männer, die kinderlieb sind, mehr als die anderen. Männer, die eine Nähe zu Kindern haben, die zärtlich sind und eine sinnlich spürbare Väterlichkeit haben. Männer, die mit Kindern nicht umgehen können oder für die absolut feststeht, daß sie keine wollen, sind mir unsympathisch.

MIRIAM: Ich könnte mir mein Leben ohne Kind gar nicht vorstellen. Aber ich habe schon eins. Als mir klar wurde, wie stark sein Kinderwunsch war, habe ich gedacht, das ist die Grenze zwischen uns. Das hat mich traurig und verzweifelt gemacht. Ich habe gegrübelt. Vielleicht sollte ich mir einen Schubs geben. Wir lieben uns doch, warum sollte ich ihm dann seinen sehnlichen Wunsch nicht erfüllen? Es wären doch nur ein paar Jahre, und dann wäre die anstrengende und anbindende Kleinkindzeit überstanden. Aber ich kann doch nicht einem Mann zuliebe ein Kind in die Welt setzen, wenn ich es selber nicht wirklich will. Das wäre ein Unding. Das wäre mir auch ein zu großes Opfer. Ich glaube, das würde auf die Dauer die Beziehung zu Stefan zerstören.

RUTH: Aber andersherum, ohne Kind, geht die Verbindung vielleicht auch auseinander.

MIRIAM: Das macht mir große Angst. Die Frage nach dem Kind ist wie eine Mauer zwischen uns. Ich bin mir inzwischen ganz sicher, daß ich nein sagen muß, daß ich dieses große Opfer nicht bringen will. Durch mein Nein wächst die Mauer. Dabei kann ich mir so gut ausmalen, wie dieses Kind wäre: ein süßer kleiner Kerl mit ernstem Gesicht und großen Augen, frech, flink und sehr neugierig. Mit all dem Zauber von Stefan. Und Stefan dürfte endlich seine Väterlichkeit hervorholen. Er wäre kein Engel mehr, sondern fest verankert in seiner Familie. Und das verweigere ich ihm. Es bedrückt mich, wie er sich dadurch als ganze Person abgelehnt fühlt.

SUSANNE: Wie wirkt sich das auf euer Leben aus? Das muß für Stefan hart sein.

MIRIAM: Es kommt in Wellen. Sein bester Freund ist vor kurzem Vater geworden. Da war es wohl schlimm für ihn. Da werden für ihn natürlich Frauen interessant, die Kinder haben wollen.

SUSANNE: Aber warum ist dein Nein so kategorisch? Realisiere doch erst einmal ein paar von deinen Projekten. Du kannst doch auch in fünf Jahren noch ein Kind bekommen.

MIRIAM: Wie kann ich heute sagen, was in fünf Jahren ist? Ich kann doch nicht mein Leben programmieren! Ich rede über die Gegenwart. Das Problem zwischen Stefan und mir ist heute akut. Ich will da nichts in eine ferne Zukunft verlegen, und er will das auch nicht.

SUSANNE: Von Jakob will ich möglichst bald auch ein Kind. Moritz, mein Sohn von Georg, ist als Schulkind aus dem Gröbsten heraus. Mich schreckt es nicht, noch einmal anzufangen, trotz meines Alters. Ich kann mir eine wirklich tiefe Beziehung nur mit einem Kind von meinem Geliebten vorstellen. Ein Kind ist der höchste Ausdruck meiner Liebe. Und außerdem ist Schwangersein für mich ein genußvoller Zustand. Wenn nicht so verpflichtende Konsequenzen für mein ganzes Leben und das Leben anderer daraus entstünden, ich könnte in einem fort schwanger sein.

MIRIAM: Nun gehst du in deiner Mutterschafts-Schwärmerei aber entschieden zu weit! Für mich war es wichtig, ob sich in einer Beziehung die Phantasie entwickelte, von diesem Mann will ich ein Kind, den liebe ich so sehr, daraus muß ein Kind entstehen. Das war geradezu mein Maßstab für die Intensität einer Beziehung. Das hat mir immer eine große Sicherheit bei der Klärung meiner Gefühle zu einem Mann gegeben. Aber ein solcher Wunsch ist nicht die Realität! Der Alltag mit Mann und Baby ist etwas ganz anderes. Und das vergessen wir oft. Ich will nicht mehr in solche Fallen tappen. Ich will mich nicht mehr in einen Alltag verstricken, der die Liebe erstickt. Kann unsere Liebe nicht unser Kind sein? Wenn Stefan doch auch so fühlen könnte.

SUSANNE: Gebranntes Kind scheut das Feuer. So kommst du mir vor, Miriam.

RUTH: Vielleicht hast du einfach Rosinen im Kopf, Miriam. Jede Liebe hat doch ihren Alltag, mit und ohne Kind. Man muß sicher gut aufpassen, nicht in stumpfsinnigen Trott zu verfallen. Aber es ist doch unrealistisch zu glauben, du könntest der Routine entrinnen. Es hat doch auch etwas Gemütliches, so miteinander zu leben und zu wissen, wir haben uns gern. Die heiße Leidenschaft läßt unweigerlich nach. Mir wäre das auf die Dauer auch zu anstrengend. Nach Dienstschluß sollen immer die Flammen der Liebe lodern? Da bist du doch nach einem halben Jahr ausgebrannt. Mich hat es nach der Heirat auch beglückt, ein schönes Nest zu bauen. Wir haben einen Teil der Möbel selber entworfen, und Jochen hat sie gebaut. Ich war begeistert, was für ein begabter Schreiner er ist. Da habe ich neue Qualitäten an ihm entdeckt. Ich finde, wir haben uns originell eingerichtet, das zeigt die Übereinstimmung unserer Geschmäcker, und das ist für mich eine Bestätigung dafür, wie gut wir zusammenpassen. Wir haben uns als eingespieltes Team erlebt, das gemeinsam etwas zustande bringt. Und zwar nicht nur im Bett, sondern auch zum Beispiel beim Bau eines schönen Bettes. Das bedeutet mehr, als nur Bretter aneinanderzuschrauben. Wir bauen an unserer Zukunft.

MIRIAM: Ich sehne mich auch nach einem Nest. Aber ich habe Angst, darin zu ersticken. Ein Nest braucht man für Kinder. Julia hat ihres, aber sie ist in ein paar Jahren flügge. Brauche ich, um mit einem Mann glücklich zu sein, mit ihm ein gemeinsames Nest? Braucht nicht jeder sein eigenes Reich? Und man sucht sich auf, wenn man zueinander will oder einander braucht? Ich will auch gerne Zuflucht bieten, auch ein Nest herrichten für die Zeitspanne, in der es benötigt wird, und selber will ich ebenso um Unterschlupf bitten dürfen. Aber immer ganz eng und immer ein Nest? Ich mißtraue jeder Zweisamkeit, die sich immer nur in der guten Stube einrichtet. Was passiert in den Abstellkammern, im Keller und auf dem Dachboden? Was geht auf der Straße vor? Ich weiß, daß es Liebe ohne Alltag nicht geben kann. Jedenfalls gelebte Liebe nicht. Aber mit diesem Tatbestand will ich möglichst klug verfahren: Alltäglichkeit dosieren, daß sie besonders wenig Schaden anrichtet. Daß sie, wie alles Gift, in kleinen Dosen verabreicht, heilsam wirkt. Ich will nicht die Erfahrungen, die ich in meiner Ehe gemacht habe, wiederholen. Vielleicht würde ich mich auf einen solchen Nestbau stürzen, wäre ich Anfang zwanzig und wüßte nicht, was Ehe mit Kind ist. Vielleicht würde ich genauso begeistert wie du, Ruth, vom gemeinsamen zukunftsfrohen Möbelschreinern erzählen. Aber ich habe diese Erfahrung hinter mir und bin nicht bereit, daran zu glauben, daß die Ehe immer eine sinnvolle und lebensfreundliche Einrichtung sei.

RUTH: Und diese Einsicht hat dich dazu gebracht, lieber zwischen zwei Männern zu leben?

MIRIAM: Das scheint dich als glücklich verheiratete Frau mehr zu irritieren, als du zugibst. Aber vielleicht tröstet dich, daß es mich auch oft quält. Robert hat schon Kinder. Er war verheiratet, hat also ähnliche Erfahrungen wie ich. Er muß sich nicht beweisen, daß er eine Ehe führen kann, im Gegenteil, er kennt die Fallstricke des Ehealltags genau. Vielleicht sind das Äußerlichkeiten, die nicht wirklich ins Gewicht fallen. Aber entscheidend ist: er will keine Kinder.

SUSANNE: Mich würde es kränken, wenn der Mann, den ich liebe, kein Kind von mir wollte, und als Mann wäre ich ebenso gekränkt, wenn die Frau keines von mir wollte.

MIRIAM: Mich entlastet es, denn ich brauche Robert nicht ständig ein Nein, das mir nicht leicht über die Lippen kommt, entgegenzuhalten. Dieses Nein zwischen Stefan und mir, das ihn verletzt und existentiell an ihm frißt, hat begonnen, unsere Welten zu trennen. Für ihn wird es immer wichtiger, eine Familie zu gründen.

RUTH: Ein Engel im Alltag. Bekommt ihm das gut?

MIRIAM: Besser als ich dachte. Aber dadurch geht zwischen uns mehr und mehr diese gemeinsame Schwingung verloren, die mir immer wieder den Himmel geöffnet hat. Das war für mich die Essenz unserer Beziehung. Es gab Zeiten, da brauchte es nur einen Blick, und ich war schon in einer anderen Welt. Um wieviel mehr bei einer Berührung! In dieser Welt ereignete sich für mich die wirkliche Liebe. Dort entstanden die Bilder und Visionen. Dort sah ich alle seine Gesichter und zeigte ihm meine. Dort sah ich das Gesicht, das hinter allen steht, das nicht mehr seines und nicht mehr meines war. Den Zugang dazu will ich nicht verlieren, doch ich spüre, wie wir ihn immer schwerer finden. Vielleicht sehne ich mich nach einem Zustand, den man nicht suchen darf, um ihn zu finden.

RUTH: Vielleicht werden mit der Zeit nur die Abstände größer, und dir fehlt die Geduld, auf den Augenblick zu warten, in dem ihr euch wieder aufschwingen könnt. Ich stelle mir vor, das kostet viel Kraft, und zwischendurch muß ja das normale Leben geregelt werden.

MIRIAM: Aber mit einem Kind ist die Erdenschwere größer. Dann wird mir diese Welt noch unerreichbarer.

RUTH: Vielleicht verschließt sich Stefan dir gegenüber mehr und antwortet so auf dein Nein zum Kind.

MIRIAM: Dann wäre durch mein Nein schon jetzt

eingetreten, wovon ich gefürchtet habe, es würde durch ein Kind kommen. Vielleicht sollte ich mich ja bescheiden und dankbar sein, daß ich eine Weile in meinem Leben so intensiv fühlen durfte. Aber ich erlebe auch den Kampf zwischen Stefan und mir. Und kämpfen ist für das, um was es mir geht, verheerend. Was dir nur geschenkt werden kann, kannst du nicht erkämpfen. Stefan hat in mir Gefühle geweckt, die ich vorher nicht kannte. Er war meine Erlösung. Und jetzt wissen wir nicht weiter.

RUTH: Mir bereitet dieser kosmische Reigen Unbehagen. Da erklingen für meinen Geschmack zu viele Äolsharfen. Ihr beide werdet sagen, ich hätte Angst. Ich habe einmal einen Mann getroffen, der hatte mich ergriffen wie ein Wirbelsturm. Daß ich zu nichts anderem mehr zu gebrauchen war als zur Liebe, hat mich durcheinandergebracht. Ich habe mich weder um Freunde noch um den Beruf gekümmert. Selbst meinen Körper habe ich vernachlässigt. Das wurde mir unheimlich. Ich habe abrupt Schluß gemacht. Ohne meinen Alltag um mich her kann ich nicht und will ich nicht leben. Ich will mich nicht ständig in emotionalen Ausnahmesituationen bewegen oder in Anbetung versunken sein.

SUSANNE: Doch diesen Zustand immer wieder herstellen zu können, das wünsche ich mir sehr.

MIRIAM: Als müßte man sich eine geheime Landkarte merken oder ein geheimes Codewort, um wieder Zugang zu finden. Ich würde mein halbes Leben hergeben, um diesen Zugang nicht zu verlieren.

SUSANNE: Vielleicht ist die Hälfte nicht genug?

RUTH: Mir wird das zu esoterisch. Vielleicht wißt ihr ja nicht so recht weiter miteinander, weil es Robert noch gibt. Das wird doch nicht spurlos an Stefan abgleiten. Darauf muß er doch reagieren.

SUSANNE: Manche sagen, der Wunsch nach einem Kind kommt dann, wenn die Beziehung kurz vorm Auseinanderbrechen ist. Kinder als Kitt. Mit Georg erging es mir anders. Ich brauchte das Kind, um mich endlich von ihm trennen zu können. Erst mit meinem Kind fühlte ich mich stark genug. Darum geht es bei Jakob nicht. Ich fühle das Bedürfnis, ihm ein Kind zu *schenken*. Zu meiner eigenen Abrundung brauche ich kein Kind mehr.

RUTH: Ist Jakob ebenso begeistert und erwartungsvoll wie du? Mit Moritz hat er ja das Vatersein schon ein bißchen geübt. Aber der war ja schon raus aus den Windeln.

SUSANNE: Ich kann mir gut vorstellen, wie er mit einem Baby umgeht. Das liegt ihm sehr. Er hat so große, ruhige, behutsame Hände. Ein bißchen Angst habe ich, er könnte versuchen, die bessere Mutter zu werden. Er ist sehr fürsorglich und hält mich eher für nachlässig. Das könnte mich provozieren: Jakob als Übermutter! Aber eigentlich wollte ich auf etwas anderes hinaus: Ich wollte Miriam fragen, ob Stefan sich nicht in der Zeit ein Kind zu wünschen begann, als sich die Himmelspforten allmählich schlossen. Vielleicht war es gerade umgekehrt: Er macht nicht etwa zu, weil du mit dem Kind nicht so willst wie er, sondern da ist schon was zum Stillstand gekommen, und ihr wollt es beide nur noch nicht wahrhaben. Sich gegenseitig die Vergänglichkeit der Liebe zu verzeihen, ist eine große Kunst. Mehr noch: das halte ich für die eigentliche Weisheit im Umgang mit der Liebe und vielleicht für das einzige Geheimnis der wenigen Paare, die lange und zufrieden beisammen sind. Die Vergänglichkeit als Teil der Liebe zu sehen und versöhnlich damit umzugehen, ohne leidenschaftlich zu klagen über den Verlust der Leidenschaften, ohne

Vorspiegelung falscher Gefühle, ohne Verachtung, ohne Groll – und sich trotzdem noch mögen. Vielleicht ist das die wahre Liebe. Stell dir vor, eines Tages bist du soweit! Im Traum war ich es schon mal. Es war im Urlaub. Jakob und ich hatten ein Haus direkt am Meer. Wenn man auf der Terrasse saß und mit dem Blick geschickt der Balustrade auswich, entstand der Eindruck, daß man über dem Meer schwebte. Das hat uns entzückt. Wir hörten viel Musik. Ich fühlte mich mit Jakob innig verbunden über die Musik. Ich hielt seine Hand, blinzelte in die Sonne auf dem Meer. Und plötzlich war ich in einem Tagtraum. Ich sah uns beide als uraltes Paar, das sich an den Händen hielt. Die beiden blickten sich voller Zärtlichkeit an. Sie wußten, wie jeder einmal geglüht hatte beim Anblick des anderen, aber das war Vergangenheit. Wie sie gemeinsam Kinder gezeugt hatten. Aber das war Vergangenheit. Wie sie beide einander die Treue gebrochen hatten. Aber das war Vergangenheit. Sie mußten lächeln über die Kränkungen, die sie sich angetan hatten. Sie wußten um den tiefen Haß, den jeder gegen den anderen empfunden hatte, und um die Ängste, die sie umeinander ertragen hatten. Sie hatten sich nichts vorenthalten, weder Liebe noch Haß. Von beidem hatten sie sich viel gegeben. Sie nickten sich voller Einverständnis zu und lächelten. Dann waren die beiden verschwunden, und ich blinzelte etwas verwirrt in die Sonne und merkte, daß die Kassette zu Ende und Jakob eingeschlafen war. Aber eins wußte ich: mit diesem Mann will ich alt werden!

RUTH: Ihr beide habt es ja leichter mit dieser sogenannten anderen Wirklichkeit. Aber was mich daran beunruhigt, ist die Frage, ob der andere überhaupt dasselbe mitbekommt. Da kommt es bei dir zu so einer inneren Reise oder zu einem Höhenflug. Aber was ist mit dem anderen? Ich finde es schrecklich, entdecken zu müssen, daß ich ganz allein abgehoben habe. Hat Jakob denn überhaupt etwas davon gespürt? Er war doch eingeschlafen.

SUSANNE: Natürlich hat er im Traum nicht dieselben Bilder gesehen. Aber hätte er sich unwohl gefühlt, hätte es nicht diesen Einklang zwischen uns gegeben, diese Phantasien wären nicht in mir entstanden.

MIRIAM: Ruths Frage kann ich schon verstehen. Es macht doch einen Riesenunterschied, ob du in diese Gefühlswelten allein gerätst oder gemeinsam mit deinem Geliebten. Ihr werdet in euren Seelenlandschaften nie dasselbe erleben, schließlich bleibt ihr immer zwei verschiedene Wesen. Aber es ist der geliebte andere, der dich durch stille oder brandende Wasser auf diese oder jene Insel begleitet, der dich in Schlösser oder Jahrmarktsbuden, in Kathedralen oder Katakomben und du weißt nicht wohin geraten läßt. Daher kommt meine Beglückung, daß das alles durch den anderen mitgeschaffen ist und daß es eine Brücke gibt zwischen uns beiden, die nicht zerfällt.

RUTH: Bei Miriam bekomme ich manchmal den Verdacht, daß sie meint, nur in solchen ekstatischen Momenten lebendig zu sein. Mir scheint, als brauchtest du diese hochfliegenden Gefühle, um dich selbst wirklich spüren zu können. Ich sehe die Pausen, die langen Strecken dazwischen als das eigentliche Leben an. Mein Leben besteht nicht aus diesen Momenten des Höhenrauschs und Gipfelglücks. Soll ich denn mein Leben der Suche nach diesen Augenblicken widmen? Was für ein Mißverhältnis, wenn das der Maßstab wäre, nach dem sich mein ganzes Leben richtet! Höhepunkte sind doch nur Punkte, dazwischen liegen Ebenen, Flächen und manchmal auch tiefe Abgründe. Mein Leben, das sind vor allem die langen Strecken zwischen den Höhepunkten. Da bin ich am meisten bei mir selbst, da fühle ich mich am deutlichsten. Außerdem finde ich, daß du schwärmerisch die Liebe von den Körpern trennst. Du erhebst dich in große Höhen mit deinem Geliebten, sprichst von Erdenschwere, die du abwerfen mußt wie für eine Fahrt im Freiballon. Das ist mir zu ätherisch. Wo bleibt da das Körperliche?

MIRIAM: Gerade die Körper sind es doch, denen all das geschieht. Mein Körper ist doch das Gefährt, das mich überall hinbringt. Wenn ich zu fliegen meine vor Glück, ist das ein körperliches Gefühl der Schwerelosigkeit. Wenn mich mein Glück schmerzt, spüre ich den Schmerz in meinem Körper. Wenn es mich zu meinem Geliebten hinzieht, spüre ich ein Ziehen in meinem Körper. Bin ich traurig und niedergeschlagen, dann ist mein Körper schwer wie Blei. Man kann nicht unterscheiden. Mein Körper kann Luft werden oder Erde, es bleibt mein Körper. Ich kann brennen oder zerfließen, ich spüre es mit meinem Körper.

RUTH: Und das erlebst du inzwischen mit Stefan und Robert.

MIRIAM: Ich erlebe mit beiden sehr Verschiedenes, da verwischt und vermischt sich innerlich nichts. Ich meine immer, eine Entscheidung treffen zu müssen, quäle mich, klarere Verhältnisse zu schaffen. Aber die beiden sind grundverschieden, der eine Feuer und Luft, der andere Erde und Wasser. Beim einen bin ich am allertiefsten berührt, am süßesten Punkt meines Seins, eher im Himmel als auf der Erde. Beim anderen bin ich die Prinzessin aus Samarkand, die alte Vettel, die mexikanische Tänzerin, das Wasch-Weib, die Kung-Fu-Kämpferin, die Belle-époque-Hure – und alles immer sehr irdisch.

RUTH: Aber wenn du dich nun zwischen Stefan und Robert entscheiden müßtest, dann kommt es eben doch darauf an, mit wem von beiden du den Alltag besser leben kannst, die langen Strecken zwischen den Aufschwüngen. Da zeigt sich doch, worum es geht – auch in der Liebe!

MIRIAM: Wenn ich mich sehr mutig fühle und stark, frage ich mich, ob die Liebe überhaupt etwas Persönliches ist. Ob sie in Wirklichkeit nicht etwas Unpersönliches, Überindividuelles ist, das sich nur in Personen fängt, das durch uns alle hindurchgeht und in der besonderen Verbindung zweier Menschen aufstrahlt. Ob wir wohl alle nichts weiter sind als Röhren, durch die es hindurchströmt? Solche Gedanken verwirren mich und machen mir angst. Sie haben so gar nichts gemein mit dem, was ich zu Hause über Liebe und Ehe gelernt habe. Aber sie eröffnen mir die Möglichkeit zu fühlen, daß ich nicht um jeden Preis mit einem Mann zusammenleben muß, daß auch Alleinsein eine Perspektive ist, daß das Paar nicht das einzige Gefäß ist, in dem sich die Liebe sammelt. Das zu wissen macht mich freier als meine Mutter. Auch den Männern gegenüber.

Mann im Übergang

Essay

«Es ist nicht nur das Ficken, verstehen Sie, nicht die Umarmung, nicht der Geschlechtsverkehr. Es ist die wirkliche emotionale Erfahrung des Verlusts des Ich, des gesamten geistigen Selbst. Nun, Freud verstand das.»

Wilhelm Reich in einem Interview mit Kurt Eissler

Einleitung

Frauen über Männer – um 1900 vielleicht hinter vor-
gehaltener Hand, in den 30er Jahren etwas weniger
verschämt, jedenfalls jedoch voller Sicherheit hinsichtlich dessen, was Männlichkeit und Weiblichkeit
ausmachte. Frauen waren Frauen, und Männer waren
Männer, und der Unterschied war erheblich.

Ganz so sicher und klar läßt sich das heute nicht
mehr sagen. Die überkommenen Vorstellungen von
Männlichkeit und Weiblichkeit und damit auch vom
Verhältnis der Geschlechter sind verblaßt. Die gesellschaftliche Entwicklung nach dem Zweiten Weltkrieg, nicht zuletzt die Frauenbewegung hat dazu
beigetragen. Für mich spielt dabei die Frauenbewegung mit ihrer mobilisierenden und irritierenden
Kraft die zentrale Rolle. Durch sie ist eine nachhaltige
Reflexion in Gang gekommen über das, was eine Frau
heute sein kann. Damit verbunden war, wenn auch
über Jahre nur implizit, eine Relativierung des Be-
wußtseins von den Beziehungen der Geschlechter zueinander. Die Männer wurden zunächst radikal ausgegrenzt, was vermutlich für den Selbstfindungspro-
zeß vorübergehend sogar notwendig war. Aber überall dort, wo Feministinnen die Unterdrückung der
Frau allein der Willkür und Bösartigkeit der Männer
zurechneten, verloren sie das Eingespanntsein beider

Geschlechter in gesellschaftliche Zwangszusammen-
hänge aus den Augen, so daß ihnen ein ganzheitlicher
Ansatz ihrer Kritik fehlte.

«Ich beneide immer die Männer, die sich als Machos verhalten,
weil ich immer so verdammt rücksichtsvoll bin. Ich sehe es als
etwas Positives, daß man so ist als Mann, wie man ist, daß man
der Frau keine Konzession macht erst einmal und daß man
sagt, entweder werde ich so akzeptiert, wie ich bin, oder sie soll
es lassen. Und positiv finde ich auch, daß man jetzt nicht in
diesen Kleinkrieg einsteigt. Was bleibt zum Schluß dann noch
übrig von mir als Person? Zum Beispiel, man muß bei Frauen
immer Interesse heucheln für das, was sie machen, oder vor
allem für das, was sie sich nicht trauen zu machen, und warum
sie es nicht können und Angst haben. Man muß ihre sämtlichen
Schwächen human und immer rücksichtsvoll aufnehmen, an-
statt zu sagen: ‹Weißt du was, du bist doch selbst schuld daran,
daß du das nicht schaffst, merkst du denn nicht, daß dein eigener
Umgang mit den Kindern zum Beispiel unmöglich ist. Siehst
du denn nicht, daß du dich ungünstig anziehst?› Mich nervt es,
daß man alles das nicht sagen darf, sondern eben: ‹Jaja, ich
verstehe, ich bin voller Verständnis›, obwohl man weiß: ‹Da
hat die doch auch ihren Anteil dran, da hakt doch auch bei ihr
selbst was.› Aber dann denken die Frauen, man hielte sie immer
für schwächer, und das verkraften die nicht. Daher mein Hang
zu selbständigen Frauen, weil ich mir sage, durch die Erfolgser-
lebnisse im Beruf, durch etwas Eigenes, Sinnvolles außerhalb des
Mannes sind sie angreifbarer, ohne gleich umzufallen. Auch auf
der privaten oder intimen Ebene. Diese ewige Ritterlichkeit!
Mit einer starken Frau kann ich wenigstens kämpfen. Die würde
auch mit einem echten Macho fertig. So eine Frau merkt doch
ganz genau, daß der sich nur so aufführt, weil er ihr imponieren
will. Und meist ist dann ja eh nichts dahinter. Aber einen Hauch
Macho wünsche ich mir, um mich nicht immer total selbst
verleugnen zu müssen. Gerade schwachen Frauen gegenüber.
Darum bin ich ja auch ein Anhänger der Frauenbewegung.»

Ökologiebewegung und Feminismus sind heute die
wichtigsten emanzipatorischen politischen Bewegun-

gen. Aber die Frauenbewegung will ich jetzt nicht als gesellschaftliches Phänomen abhandeln. Das haben längst andere geleistet. Mich interessiert die Wirkung der Frauenbewegung auf die Männerwelt. Es gibt nicht wenige Männer, die durch den neuen Feminismus in ihrer Beziehung zu Frauen direkt betroffen waren; die am eigenen Leib erfuhren, daß sich Entscheidendes zu ändern begann; die sich unter Druck gesetzt, angegriffen, geängstigt fühlten; die neben ihrer Befürchtung, alles zu verlieren, eine noch unvertraute Erleichterung feststellten; die nicht mehr wußten, wo oben und unten war.

«Natürlich hatte ich große Schwierigkeiten, meine Frau plötzlich bei uns in der Wohnung, umringt von anderen Frauen, über die Widersprüche im Patriarchat diskutieren zu sehen, weil ja eigentlich ich derjenige war, der so etwas machte. Ich war der politisch Bewußte, ich wollte die Revolution, und nun diese revoltierenden Frauen, meine darunter! Natürlich waren das Erschütterungen. Die Erschütterung der traditionellen Bilder von Mann, Frau, Familie, Gesellschaft war die eine Ebene. Die Erschütterung der emotionalen Schichten, woher die Bilder von Liebe und Sehnsucht stammen, das war die andere Ebene. Und beides ist in meiner Lebensgeschichte zusammengelaufen. Deswegen fühle ich mich als Mann im Übergang, und zwar zur einen wie zur anderen Seite hin, in meiner persönlichen emotionalen Entwicklung und in der großen politisch-gesellschaftlichen Entwicklung. Daß Frauen die Freiheitsrechte, die Gleichheitsrechte, die Menschenrechte unserer westlichen Kulturtradition heute einklagen, dagegen ist nichts einzuwenden. Das ist nur wünschenswert. Ich habe das anerkennen müssen, weil die Forderungen der Frauen meinem Denken natürlich gar nicht fremd waren. Fremd war mir diese konkrete, ja handgreifliche Radikalität, wie sich diese Postulate dann auf alle Beziehungen zwischen Männern und Frauen ausgewirkt haben. Als meine Frau sich von mir trennte, als sie mich verließ, blieb mir nichts anderes übrig, als das zu akzeptieren. Ich fand, daß sich ein Typus von Frau entwickelt hatte, der mich unsicher werden ließ. Ich habe gedacht, daß dieser kantige, harte, aggressive Typ Frau von mir nicht geliebt werden kann. Später habe ich dann eine Freundin gehabt, die hat in einer Frauenwohngemeinschaft gelebt, zu der eine lesbische Frau und eine dritte, eine ‹Bewegungslesbe›, wenn ich mal diese Unterscheidung machen darf, dazugehörten. Eines Morgens zum Beispiel sitze ich in der Küche dieser Wohngemeinschaft. Da kommt die ‹Bewegungslesbe› herein und schnauzt mich an: ‹Hau ab hier aus der Küche. Ich will hier frühstücken, und zwar ohne Männer!› Da bin ich bockig geworden. Ich habe zu ihr gesagt: ‹Du kannst mich mal! Entweder du frühstückst mit mir in dieser Küche hier, oder du nimmst dein Zeug und gehst in dein Zimmer. Aber ich gehe jetzt nicht hier weg!› Ich hatte Angst, trotz meiner starken Worte. Eigentlich waren alle Frauen, die ich damals kannte, von der Frauenbewegung beeinflußt. Die haben mit solchen radikalen Frauen zu tun gehabt, weil es auch für sie wichtig war, daß etwas aufgebrochen wurde. In den Beziehungen zu meinen Freundinnen war ich damit immer konfrontiert. Das waren Frauen im Übergang. Ich meine, es war kein Zufall, daß ich immer auf Frauen zugegangen bin, die diese Spannung in sich hatten. Einerseits hat mich ihr Verhalten sehr provoziert. Andererseits hat es mich entlastet, weil ich nicht mehr den Helden spielen mußte. Denn das war mir ja auch irgendwann abhanden gekommen. Ich fand damals, alle Frauen werden immer kantiger. Und ich fühlte mich immer gebrochener. Plötzlich ging nichts mehr richtig, weder im Beruf noch in den Beziehungen. Ich steckte in der Krise. Jahrelang.»

Der amerikanische Psychotherapeut HERB GOLDBERG sprach vom «verunsicherten Mann» und meinte, nach den rauhen Zeiten des Feminismus nun dem Mann beispringen zu müssen.

Was GOLDBERG der Frauenbewegung anlastet, ist vermutlich viel mehr in gesellschaftlichen Strukturen begründet. Seine Argumentation steht in der jahrhundertealten unrühmlichen Tradition, die Frauen zu Sündenböcken zu machen. Aber GOLDBERGS amerikanische Daten zeigen auch, daß der Mann psychisch in der Tat mit dem Rücken an der Wand steht. Diese Beobachtungen lassen sich auch auf europäische Männer übertragen, denn sie zeigen die Kehrseite des harten Mannes unserer Kultur: «Die Rolle des Mannes ist defensiv. Männer haben Bollwerke zu sein: von außen sicher vor Angriffen und dem Verlust des Status; von innen sicher vor unangemessenen Emotionen und Ungewißheit ... Wir halten Frauen vielleicht nur deshalb für intuitiv, weil es ihnen in viel größerem Maß als den Männern erlaubt ist, mit ihren tieferen Gefühlen in Berührung zu bleiben.» (GOLDBERG)

Das Verhalten vieler heutiger Männer gleiche den Verhaltensmustern autistischer Kinder: es dominiert die Abwehr von menschlichem Kontakt bei gleichzeitiger Faszination durch unbelebte Objekte. Und dennoch, oder gerade deshalb, seien die Männer ungeheuer abhängig von menschlichen Partnern. Geschiedene und verwitwete Männer dekompensierten psychisch erheblich öfter als Frauen in derselben Lebenssituation. Das Sterberisiko geschiedener Männer sei dreimal höher als das geschiedener Frauen. Männer würden sich auch wesentlich schneller wieder verheiraten, weil das Alleinsein für sie unerträglicher sei. Bei Witwern trete der Tod in den ersten sechs Monaten nach dem Ableben ihrer Partnerin um 40 Prozent häufiger auf als bei Frauen. Und Männer, die gerade ihre Mutter verloren hätten, begingen signifikant häufiger Selbstmord als Frauen in einer vergleichbaren Situation.

Im Gefolge der Frauenbewegung und als Reaktion auf sie gibt es eine Männerbewegung. Anfang bis Mitte der siebziger Jahre fanden sich meist jüngere Männer vor allem aus dem studentischen und alternativen Milieu in Gruppen zusammen. Sie waren aufgeschreckt durch neuartige, unvertraute Erwartungen ihrer Freundinnen und hatten Zweifel an der traditionellen Männerrolle bekommen.

«Ich wurde immer sprachloser in der Beziehung zu meiner Freundin, immer verschreckter. Ich hatte wohl das Gefühl, daß sie etwas Richtiges wollte, wenn sie mir vorwarf, ich sei so unnahbar, so verhärtet. Ich wollte ja auch raus aus diesem Korsett, aber ich wußte nicht wie. Unsere Väter waren keine Identifikationsfiguren. Mit Mitläufern oder Mittätern der Nazis kann man sich nicht identifizieren. Wenn die so viel falsch gemacht hatten, dann hatten sie mit ihren Frauen auch was falsch gemacht. Die konnten doch in keinem Bereich mehr Vorbild sein, und schon gar nicht in einem Feld, wo es um Intuition, Zärtlichkeit und Sensibilität ging. Da konnten vielleicht gleichaltrige Männer eher helfen, denen es ähnlich ging.»

«Meine Männergruppe habe ich damals als eine wärmespendende Umgebung erlebt. Eben gerade nicht als diese rauhe, laute Sportskameradschaft, sondern was Zärtlicheres, Behutsameres. Zu meinem Vater hatte ich nie einen zärtlichen körperlichen Kontakt. Ich sehe das manchmal bei südländischen Vätern, wie die eng umschlungen mit ihren kleinen Söhnen auf der Straße daherkommen. Ich glaube, die Männergruppe hat für einige Zeit diese Gefühlsebene für mich repräsentiert: ein vertrauensvolles und konkurrenzfreies Miteinander. Das Ganze hörte schlagartig auf, als ein Neuer in die Gruppe kam und anfing, Protokolle anzufertigen und auf einem intellektuelleren Zugang zur Frage der Männlichkeit zu bestehen. Dadurch hat der alles zerstört. Aber wir haben mitgemacht, sofort ging das Rivalisieren los, und zwar wie immer ganz verbissen, nicht etwa spielerisch. Wir haben uns davon gleich wieder packen lassen. Es hat geklappt, wie ein Reflex. Und damit wurde es ein Verein wie jeder andere. Da haben wir einfach aufgehört.»

Was ich für eine kurzlebige Erscheinung jener Zeit gehalten hatte, das hat seinen Geist nicht aufgegeben.

Zeitschriften tauchen auf mit bezeichnenden Namen wie «MANN-O-MANN», «HERMANN», «VON-MANN-ZU-MANN». Auch Buchverlage suchen den Markt für das Thema «Mann», in denen männliche Autoren die Situation der Männer analysieren, die Fesseln der Rollendiktate abzustreifen versuchen, nach den Gründen für ihr verkümmertes Menschsein forschen, ihre Ausbeutung durch Mütter und Frauen entlarven, ihre Gefühle für ihre Geschlechtsgenossen entdecken, ihr Coming out feiern – alles Bücher, die uns mit der so unbekannten männlichen Innenwelt vertraut machen sollen.

«Wenn Männer ihre Tage haben» war das Thema einer Männertagung in Bremen 1985. Inzwischen gibt es viele, auch internationale Männertage. Sie haben in Europa bisher nicht die gewaltigen Dimensionen der «Men's Conference» im Washingtoner Sheraton Hotel mit 70 Workshops zu Themen wie: fürsorgende Väter, Männer und Drogen, Schwule und Karriere, Männer und Abtreibungskliniken, Spiritualismus, Männer und Vergewaltigung und anderes mehr, über die «NEWSWEEK» 1984 berichtet hat. «Auf dem Weg zum neuen Mann» hieß eine Radiosendung im Hessischen Rundfunk von GESA ESTERER. Im «STERN» war ein Artikel von PETER SANDMEYER über das Thema zu lesen. Und «COSMOPOLITAN» widmete eine ganze Nummer den Männern heute.

Der Mann, vor allem der «neue Mann», ist also ein Medienereignis geworden, das MARION SCHREIBER im «SPIEGEL» erklärt als im wesentlichen gepusht von Redakteurinnen in den Frauen- und Familienressorts und von einer «mitteilungsfreudigen Minderheit von Selbsterfahrlern und Psychologen».

Man muß ihr zustimmen, wenn man an die großen soziologischen Studien über die bundesrepublikanischen Männer aus den Jahren 1976/1977 (PROSS) und 1985 (METZ-GÖCKEL, MÜLLER) denkt, die im Auftrag der Zeitschrift «BRIGITTE» durchgeführt wurden. Die Soziologin HELGE PROSS kam damals zu dem Fazit: «Die Männer sind nicht angekratzt von den Forderungen der Frauen. Sie interessieren sich einfach nicht dafür. Sie haben eine beachtliche Fähigkeit entwickelt, die Wirklichkeit nicht zur Kenntnis zu nehmen. Die Phase, in der sie nicht umhin können, hat noch nicht begonnen.»

Zehn Jahre später heißt es in dem Buch «Der Mann» von SIGRID METZ-GÖCKEL und URSULA MÜLLER: «Wir wollen Emanzipation des Mannes hier verstehen als die Fähigkeit, die Frauen als ‹Gleiche› zu akzeptieren und zu unterstützen, ohne sich selbst als Mann dadurch bedroht, herabgesetzt und unterdrückt zu fühlen . . . Die Männer sind mit ihrer eigenen Emanzipation etwas vorangekommen. Sie verzichten vor sich selbst mehr auf Augenwischerei als früher. Ihre gegenwärtig geübte Praxis – das Hohelied der Partnerschaft im Munde zu führen, aber in Wirklichkeit alle Last der Veränderung den Frauen aufzubinden – kann nicht Bestand haben.» Denn nur eine kleine Minderheit von 5 Prozent setzt sich für praktische Gleichberechtigung auch in der Ehe ein. Ist der «neue Mann» bloß ein Medienprodukt, eine synthetische Gestalt aus schönen Sprüchen und schönen Bildern, ein Wunschtraum in Frauenköpfen und -herzen? «Wenn schließlich auch die Frauen es satt haben, sich den Kopf der Männer zu zerbrechen, dann wird vom ‹Neuen› nicht viel übrigbleiben. Zwei Armvoll Bücher in den Ramschkisten, Pressemappen zum Stichwort in den Handarchiven einiger Redakteurinnen und bei den Herren der Mut zu ein paar schimmernden Lurexfäden in ihren bunteren Pullovern.» Hat

MARION SCHREIBER recht? Wird alles beim alten bleiben? Ist der körperbewußte Yuppie, parfümiert, mit feminisiertem Outfit, einer Reader's Digest-Fassung des Kamasutra in der Westentasche, doch knallhart karrierebedacht wie eh und je, das, was uns vom Neuen Mann bleibt?

Meine psychoanalytische Ausbildung begann ich Anfang der siebziger Jahre mit der festen Erwartung, in eine Wissenschaft einzutauchen, die sehr präzise und konkrete Bilder von Männlichkeit und Weiblichkeit zeichnen kann. Dort glaubte ich, eine Menge über die Natur beider Geschlechter zu erfahren. Ich fühlte mich bald in der Lage, beurteilen zu können, ob ich in diesem Patienten oder jener Patientin eine reife, in ihrer sexuellen Identität voll entfaltete Persönlichkeit vor mir hatte oder nicht. Diese Kunst und Wissenschaft der Diagnose galt natürlich auch im Kollegenkreis. Und so mancher und so manche unter den Ausbildungskandidaten bekam das «Reifezeugnis», wenn geheiratet wurde, das erste Kind unterwegs und das eigene Heim bezogen war. Da konnten andere, die allein lebten, eine unbürgerliche Existenz führten, Skepsis, Mißtrauen, vielleicht auch Mitleid erregen: ihr Lebensentwurf war halt doch nicht richtig gereift. Es gab – oft verbrämt – Deutungen, die letztlich auch nichts anderes waren als der Versuch, tradierte Normen in die psychoanalytische Sprache zu übersetzen. Weiß man erst einmal, was richtig ist, hat man eine bündige Theorie und eine gültige Therapie, dann ist die Angst gebannt. Auch beim Psychoanalytiker. So läßt sich die Welt in Ordnung halten. Auch die unordentliche Welt der Geschlechter.

Glücklicherweise hält sich eine solche anpaßlerisch deutende Selbstgefälligkeit nicht lange, es sei denn, die eigene analytische Erfahrung hilft einem nicht über dieses normopathische Stadium hinaus. Daß es solche Fälle gibt, sollte nicht dazu verführen, dies der gesamten Disziplin vorzuwerfen.

Schon in den zwanziger und dreißiger Jahren kam es in der psychoanalytischen Bewegung zur Auseinandersetzung über das von FREUD entworfene Bild der Frau. Nicht alle Analytiker und Analytikerinnen wollten widerspruchslos seine «one body psychology» für beide Geschlechter übernehmen, in welcher der Mann seine Männlichkeit über den Besitz des Penis und die Frau ihre Weiblichkeit über den Verlust des Penis erlange. Das war eine Psychologie von nur einem richtigen Körper (dem männlichen) und seiner Minusvariante (dem weiblichen Körper, dem etwas Entscheidendes fehlt), in der die Frau Tochter oder Mutter zu sein hat und ihr darüber hinaus ein eigener spezifisch weiblicher Entwicklungsweg als Sexualwesen abgesprochen wird.

Es gibt wie immer viele Gründe, auch gruppendynamische, weswegen sich die frauenfreundlichere Fraktion der Analytiker der ersten und zweiten Generation nicht durchsetzen konnte. Die orthodox-psychoanalytischen Vorstellungen über die Frau kodifizierte HELENE DEUTSCH in ihrem bald zum Standardwerk erhobenen Buch «Psychologie der Frau» (1948). Bei ihr verkommt die weibliche Trinität, häufig repräsentiert in den Göttinnen Kore, Demeter und Hekate, zur Trias aus Passivität, Masochismus und Narzißmus. Welch ein Abstieg!

In den letzten Jahren hat eine ganze Reihe von Psychoanalytikerinnen eine Revision dieses orthodoxen Ansatzes versucht, wobei ihre eigene Unzufriedenheit mit dem Konzept sowie der kritische Druck, der von der Frauenbewegung ausging, Motive gewesen sein dürften. Diese Autorinnen waren sich einig: Frauen waren nicht nur Männer minus Penis, sondern sie hatten überraschenderweise vom Embryonalstadium an ihr eigenes Geschlecht. FREUDS klassisches Frauenbild durfte kritisiert und hinterfragt, sogar korrigiert werden. Auch progressiven Frauen war die Psychoanalyse wieder zuzumuten.

Erstaunlicherweise gab und gibt es keine vergleichbare Kritik am Männerbild der Psychoanalyse. Das ist erstaunlich deshalb, weil die beiden Konzepte doch zusammengehören, in ihrer Komplementarität auf etwas verweisen, was hinter beiden steht. Wenn vor allem wir Frauen als Betroffene uns darüber empört haben, daß das Frauenbild verfälscht, unangemessen und letztlich depotenzierend war, warum empören wir uns nicht ebenso über das Männerbild der Psychoanalyse? Betrifft uns das etwa nicht? Denn gerade weil es zwischen diesen beiden Bildern eine Wechselwirkung gibt, muß bei einem verzerrten Frauenbild auch das des Mannes schief werden und umgekehrt.

Es ist im Sinne eines Vermittlungsversuches von FREUDschem Denken und feministischen Positionen zu Recht gesagt worden, er habe eine genaue Beschreibung der Frau *seiner* Epoche geleistet und die damals herrschende Kultur mit Natur in eins gebracht. Gehen wir von einer Polarität der Geschlechter aus, so müssen wir die Frage klären, welche spezifischen kulturellen Aspekte in das FREUDsche Männerbild eingeflossen sind und es möglicherweise genauso eingeengt und verzerrt, genauso verfälscht und depotenziert haben wie das inzwischen korrigierte psychoanalytische Zerrbild von der Frau.

Historischer Überblick

Die bürgerliche Familie ist viel jünger, als uns gemeinhin bewußt ist. Erst die bürgerliche Emanzipation vor rund dreihundert Jahren hat in wenigen Generationen eine Form des Zusammenlebens hervorgebracht, die für manchen geradezu etwas Naturwüchsiges hat. Vorher gehörten alle dazu, die unter dem Dach eines Hauses lebten und arbeiteten, Angehörige verschiedener Generationen, Blutsverwandte und Gesinde. Dieser Verbund hieß «das ganze Haus», der Begriff «Familie» in unserem Sinne kam erst mit dem Bürgertum auf. Der Zusammenhalt des «ganzen Hauses» gründete sich in erster Linie auf die gemeinsame Produktion, nicht auf emotionale Bindungen. Im bürgerlichen Zeitalter, im Zuge der Industrialisierung verlagerte sich der Arbeitsplatz mehr und mehr nach außen in Faktoreien, Kontore und Fabriken. Diese Abspaltung der produktiven Arbeit stellte einen radikalen Bruch mit den traditionellen Lebensgewohnheiten dar und hatte tiefgreifende Folgen für die Familienstruktur, Kinderaufzucht und Nachbarschaftsverhältnisse. «Romantische» (nicht mehr vorwiegend ökonomisch begründete) Partnerwahl, Liebesheirat, Gattenliebe, Kinderliebe und Häuslichkeit werden charakteristisch für diese sich entwickelnde neue Familienform. Das «ganze Haus» ist zerfallen. Wo früher

Eheschließungen zwischen zwei «Häusern» ausgehandelt wurden, kommt immer mehr die Gefühlsbindung der Partner ins Spiel. Den Zusammenhalt der Familie, die jetzt nur noch aus Blutsverwandten besteht, müssen von nun an emotionale Bindungen leisten, weil es gemeinsame Produktionsinteressen nicht mehr gibt. Die Frauen, denen in der vorbürgerlichen, überwiegend agrarischen Gesellschaft viele lebenswichtige Aufgaben zufielen, wodurch ihnen ein höherer gesellschaftlicher Status gesichert war, wurden mehr und mehr ans Haus gebunden, wodurch sie soziale Macht verloren. Statt dessen hatten sie eine spezifische Mütterlichkeit zu entwickeln, wie sie etwa in ROUSSEAUS Roman «ÉMILE» 1762 ausgemalt wird. Ihre Aufgabe war die gesellschaftlich dringend erforderliche Emotionalisierung des Familienlebens.

Diese Emotionalisierung, diese neue Intimität in den Beziehungen der sich mehr und mehr von außerfamiliären sozialen Kontakten in ihre Häuslichkeit zurückziehenden Bürger hat eine erhöhte Sexualisierung des Familienlebens zur Folge. Folglich muß Sexualität innerhalb der Familie immer stärker abgewehrt werden. Die emotionale Annäherung geht mit einem räumlichen Auseinanderrücken einher. Schlaf- und Wohnräume werden getrennt, die Kinder in einen eigenen Bereich verwiesen. Die erhöhte Intimität schürt einerseits die Inzestangst, andererseits entschädigt die häusliche Gefühlswärme für die fortschreitende Entemotionalisierung und Entsinnlichung der Arbeit. Man könnte erwägen, daß SIGMUND FREUDS zentrales Konzept vom Ödipuskomplex als «Kernkomplex der Neurosen» seine Entstehung maßgeblich der sexuell aufgeheizten Enge der bürgerlichen Familie verdankt und nur in einem solchen Milieu seine Brisanz entfalten konnte. Für MICHEL FOUCAULT ist die bürgerliche Familie Hauptfaktor der allgemeinen Sexualisierung unserer Gesellschaft. Während andere Kulturen sich einer «ars erotica» erfreuten, habe diese Form der Sexualisierung in der westlichen Zivilisation zu einer Entwicklung der «scientia sexualis», der Sexualwissenschaft, beigetragen. Ob diese Wissenschaft die tiefgründigeren Erkenntnisse bringen wird? «... gewisse Sexualwissenschaftler [können] zählen, messen, skalieren und faktorieren, solange sie wollen; dem Eros werden sie nie auf die Schliche kommen.» (SIGUSCH)

Doch die Entwicklung der bürgerlichen Familie ist nicht allein durch die Industrialisierung und den sich entwickelnden Kapitalismus erklärt. Ein weiterer historischer Faktor ist die Entstehung des Nationalismus, der «maßgeblichen Ideologie der Moderne», wie GEORGE MOSSE es nennt, die mit zwingender Gewalt bürgerliche Moral und sexuelle Normen prägte. MOSSE durchleuchtet einige der wichtigsten Normen unserer Gesellschaft: die Ideale der Männlichkeit, damit verbunden die Stellung der Frau und all jener Außenseiter, die als abartig und krank gelten: «Die Männlichkeit wurde beschworen zum Schutze der bestehenden Ordnung angesichts der Gefahren der Moderne. Darüber hinaus symbolisierte Männlichkeit die geistige und materielle Vitalität der Nation. Verlangt war körperliche und charakterliche Stärke, nicht jedoch brutale Gewalt – die Energien des Individuums mußten unter Kontrolle bleiben. Das Ideal war die stille Größe Laokoons [der vom Schlangenungeheuer umschlungen wird, Anm. d. V.]. Auch die Frau spielt eine symbolische Rolle ... für Unwandelbarkeit statt für Fortschritt und bildete den Hintergrund, vor welchem die Männer die Geschicke der Nation lenkten.»

Der Sexualität gilt MOSSES Hauptinteresse, da sie eine der Grundlagen menschlichen Verhaltens ist und der Eifer der moralischen Bewahrer des bürgerlichen Lebens stets auf sie gerichtet wurde. Das Fundament dieser Moral ist gerade die Unterscheidung von Normalität und Abweichung. Medizinische Definitionen normaler und abnormer Sexualität, die Vorläufer einer Sexualwissenschaft, kommen auf. Was für die Moraltheologie noch eher die Vielfalt der sündigen Fleischeslust darstellte, wird nun «wissenschaftlich objektiv» und angeblich moralisch wertfrei kategorisiert, diagnostiziert und eben doch bewertet. Vor allem Ärzte und Naturwissenschaftler übernahmen die Rolle der Hüter über die Normalität vom Klerus. Der Fortschrittsglaube jener Zeit beruhte auf Naturwissenschaft und Technik. Entsprechend technisch und hygienisch-klinisch gingen die Ärzte zum Beispiel der kindlichen Onanie zu Leibe, was zu so bizarren Erscheinungen der «Schwarzen Pädagogik» führt wie Dr. Bertrands Wachsfigurenkabinett von Onanieopfern.

Die sich immer mehr durchsetzenden bürgerlichen Moralvorstellungen dienen der Selbstdefinition der neuen Klasse, die sich von der Aristokratie um jeden Preis abheben will. Gegen Ende des 18. Jahrhunderts wurde in England von einem Gentleman noch erwartet, daß er die Brüste seiner Tischdame liebkoste. Wenige Jahre später, 1807, erschien der moralisch gesäuberte «Family Shakespeare»: ein Umbruch in den Sitten, der in wenigen Jahren geschah und vielleicht gerade deshalb so rigide Formen annahm.

Das hervorstechendste Merkmal bürgerlicher Moralvorstellungen ist die scharfe Trennung der Geschlechter. Die Frauen hatten ihre Erfüllung in der

Ehe, als Mütter ihrer Kinder und in freudiger Ausübung ihrer häuslichen Pflichten zu finden. Männer kämpften außer Haus für die Nation und den industriellen Aufbau. Selbst SCHLEIERMACHER, der gemeinsam mit FRIEDRICH SCHLEGEL als «Revolutionär der Liebe» galt und proklamiert hatte, daß die Frau auch ein Mensch sei und als Mensch «Gleiches» beanspruchen dürfe, betonte in seiner Rede zum Tode Königin Luises, der «preußischen Madonna», daß Luise trotz ihres politischen Mutes «niemals jene Linie überschritten habe, die die Männer von den Frauen trennt».

Erst diese Trennung der Geschlechter ermöglichte es dem Mann, seine Männlichkeit voll zu entfalten. Gerade im Deutschland der Befreiungskriege entstanden viele Männerbünde, etwa die Scharen der antinapoleonischen Freiwilligen, der Turnerbund, die Burschenschaften. Diese sozialen Strukturen züchteten förmlich das Ideal «wahrer» Männlichkeit.

Obwohl das Bürgertum die Dynamik der Moderne selber geschaffen hatte, versuchte es zugleich, diese gewaltigen gesellschaftlichen Kräfte mit der Betonung seiner Respektabilität, der Ehrbarkeit seines reglementierten Ehe- und Familienlebens, in Schach zu halten. Die scharf gezogenen Grenzen zwischen den Geschlechtern, die Aufgabenteilung zwischen Mann und Frau – darauf beruhte die ganze bürgerliche Gesellschaft. Jeder, der diese Funktionsaufspaltung in Frage stellte, Konturen verwischte, wurde als Bedrohung empfunden und mußte ausgegrenzt werden. Daß dies in besonderem Maße für Homosexuelle galt, ebenso wie für Juden, denen ein grassierender biologischer Rassismus neben anderen «krankhaften» Eigenschaften eine Verwirrung der Geschlechtsrollen zur Last legte, liegt auf der Hand. Darüber hinaus

galten Homosexuelle und Juden als sexuell ausschwei-
fend und wurden auch aus diesem Grunde zu einer
Bedrohung der bürgerlichen Sittlichkeit konfabu-
liert. Triebhaftigkeit mußte kontrolliert werden. Der
ehrbare Bürger hatte sich Tugendhaftigkeit zu eigen
gemacht und übertrug das Laster den «anderen». Dort,
bei den anderen, bekämpfte er es mit allen Mitteln. Er
selbst hatte seine Männlichkeit soweit veredelt, daß sie
im Dienste des Vaterlandes stand, sei es an der Front
als tapferer Soldat, sei es in der Familie als würdiges
Oberhaupt, sei es in der Wirtschaft als akkumulieren-
der Unternehmer.

Wie veredelt er war, zeigte auch sein ästhetisches
Ideal, WINCKELMANNS «edle Einfalt, stille Größe» der
Hellenen. Die bürgerliche Gesellschaft hat die Sexualität auch gezügelt, indem sie sie vom Physischen auf
ein Ideal entsinnlichter männlicher und weiblicher
Schönheit umlenkte, wie man es in den unfarbig
erhalten gebliebenen griechischen Skulpturen zu erkennen vermeinte. Gestalten wie Götter, die man
verehren, aber nicht begehren kann. Wichtig für unseren Zusammenhang ist, daß diese Hinwendung zur
Antike unter völliger Ausblendung der starken ho-
moerotischen Komponente der griechischen Kultur
geschah. Im Nationalsozialismus galten Griechentum
und Germanentum als die Zwillingssäulen, auf denen
die arische Rasse ruhte. Die monströsen Kämpferidole
der Faschisten («Hart wie Kruppstahl . . .») sind gro-
teske Züchtungen aus dem Bilderschatz vom griechischen Epheben. Und gleichzeitig die mörderische
Verfolgung der Homosexuellen durch die Nazis:
«Wer verfolgt, folgt.»

Die Kultur der Männerbünde der Wilhelminischen
Ära und im Faschismus zeigt diese latent mobilisierte,
aber scharf abgewehrte Homosexualität in besonders

beeindruckender Weise. Für den Psychoanalytiker SANDOR FERENCZI war dies evident: «Ich stehe nicht an, sogar die barbarischen Schlägereien der deutschen Studenten als solche entstellten Zärtlichkeitsbeweise gegen das eigene Geschlecht aufzufassen.» So zeigen ERNST JÜNGERS Soldaten «In Stahlgewittern» die Verflochtenheit von aggressiver Männlichkeit, verdrängter Homosexualität und Lust am Töten: sie «barsten vor männlicher Erotik», wenn sie auf den Feind trafen. Jedes Eindringen des Bajonetts in den Körper des Feindes ein Orgasmus. Eine aggressive Phallizität wird zur eigentlichen Männlichkeit. Liebe werde nicht durch schöne weibliche Lippen oder verlangende Augen, sondern durch den harten Stacheldraht des Krieges erzeugt, zitiert MOSSE den englischen Dichter WILFRIED OWEN.

Diese selbst zu Bajonetten oder Geschossen gewordenen Freikorps-Männer fanden Erfüllung vor allem im Kampf. Gelegentlich ruhten sie an der Seite einer Frau, die sie zur Mutter machten. Gepanzert gegen jede Form der entfalteten Erotik, erwarteten sie von ihren «Weißen Frauen» die Verkörperung von Respektabilität. Deren Sinnlichkeit sollte gering sein, andernfalls die Welt ein Bordell würde und Familie und Ehe undenkbar. Das Objekt Frau ist gespalten in die verehrungswürdige Mutter auf erhabenem Podest, die reine Ehefrau, mehr Schwester als Geliebte, und in die «Rote Frau», das Flintenweib, die Hure, die durch ihre Existenz die Rechtfertigung erteilt, sie umzulegen, niederzumachen, im engen und im übertragenen Sinne des Wortes.

Diese Aufspaltung in Weiße und Rote Frauen (THEWELEIT) weist deutlich auf einen Aspekt von Weiblichkeit hin, der die Kehrseite des bürgerlichen Ideals ist. Das Bürgertum huldigte einem purifizierten Ideal der keuschen, sanften, edlen, mütterlichen Frau, eines schwachen Weibes, dessen Schutz der Hochherzigkeit der Männer anbefohlen ist. In der Schwarzen Romantik begegnen wir Frauengestalten einer ganz anderen Art: gefährlich lauernd, unersättlich in ihrer Gier, den Mann zu vernichten. Hier findet die «femme fatale» ihren literarischen Ausdruck, «la belle dame sans merci», die ohne Erbarmen die Männer an sich zerschellen läßt. Die Welt der «femmes fatales» ist erotisch und exotisch: MÉRIMÉES «Carmen», deren wölfische Sinnlichkeit die Männer ebenso zerstört, wie die exotische Königin von Saba in FLAUBERTS «Versuchung des heiligen Antonius», die den Heiligen beängstigend lockt. Die Reihe dieser Unheil stiftenden literarischen Frauengestalten ließe sich fortsetzen. Sie zeigt, mit welcher Macht die abgewehrte weibliche Sexualität die Phantasien der Männer besetzt hielt. Daß die Wiederkehr des Verdrängten dieses fast immer mit destruktivem Vorzeichen erscheinen läßt, ist nichts Ungewöhnliches. Die zeitgenössische «Wissenschaft» lieferte die gewünschten «Beweise»: «Die ständige Steigerung der geschlechtlichen Erregung kurz vor, während und nach der Periode beim Weibe steht außer allem Zweifel . . . Die weibliche Periode ist nun stets mit mehr oder weniger reichlichen Blutausflüssen verbunden. Es erscheint darum eigentlich als erklärlich, daß auf diesem Wege durch die häufige Wiederkehr starker geschlechtlicher Erregung mit dem Anblick der Blutausflüsse sich beim menschlichen Weibe eine Ideenverbindung beider Erscheinungen im Laufe der Zeit im besonderen Maß entwickeln konnte. Wenn die Wahrnehmung von Blut am eigenen Körper stets eine hohe sexuelle Erregung zur Parallel Erscheinung hatte, so . . . gehört auch nicht mehr viel dazu, daß der Anblick von Blut an sich, also auch von fremdem Blute, durch das unbewußte Gedächtnis an die Geschlechtsnerven greift und geschlechtliche Erregung herbeiführt. Hier wird es erklärlich, warum sich das Weib für den blutigen Sadismus in ganz besonderem Maße als prädestiniert erweist.» (HAVELOCK ELLIS). Daß solche um die Wende unseres Jahrhunderts getroffenen Aussagen in direkter Linie an die Hexenverfolgungen anknüpfen, ist nicht von der Hand zu weisen. Sie sind durch denselben irrationalen Rationalismus charakterisiert, der dem Geist der Inquisition verwandt ist. Wird eine solche Diskriminierung aus Angst vor dem Weiblichen betrieben?

Bekanntlich läßt sich eine der Wurzeln dieser Geschlechtsfurcht weit zurückverfolgen. Für den Apostel Paulus war nur der Mann Gottes Ebenbild, das Weib war um des Mannes willen da und sollte ihm untertan sein. In der Frau sah er weniger das gotterschaffene Wesen als die Mutter der Sünde. Somit war «die paulinische Ehe erlaubte Brunft, legalisierte Notdurft, genehmigte Sünde, sonst nichts.» (SCHUBART) Das Christentum verwandelte sich aus einer Religion der Liebe in eine Religion der Keuschheit. Daran ändert auch die Reformation nichts. «Luther war so wenig wie seine großen Vorgänger imstande, dem Geschlecht einen tieferen Sinn zu geben . . . Dagegen sagte ihm das mosaische Frauenideal rastlosen Gebärens zu. ‹Mögen sie (die Frauen) sich ruhig zu Tode tragen, das macht nichts, sie sind drum da›.» (SCHUBART) CHRISTINA VON BRAUNS umfassender Versuch, am Phänomen der Hysterie kulturelle Entwicklung zu beschreiben, führt in brillanter Weise vor, wie der Logos, der mit der Erfindung der Schrift manifest gewordene Abstraktionsprozeß, immer mehr Platz greift und in einem kontinuierlichen Entsinnlichungs- und Entkörperlichungsprozeß das weibliche Prinzip zu vernichten sucht. Die Frau symbolisiert das zyklische, immer wiederkehrende Leben, der Mann stehe für die Vergänglichkeit. Sein Wunsch nach Unsterblichkeit lasse sich jedoch eher in einer geistigen als in der materiellen Welt realisieren. So mußte die materielle Welt dem Geiste untertan werden. Dies habe nur um den Preis der Entsinnlichung der Frau geschehen können, die mit Natur, Vergänglichkeit und Tod, also mit Bedrohung und Gefahr, gleichgesetzt und unter diesen Vorzeichen bekämpft, wenn nicht gar aus der Welt geschafft werde und die nur noch als synthetisches Produkt des Logos wiederkehren dürfe.

Ein Höhepunkt dieser Austreibung des Weiblichen, des Sinnlichen und Triebhaften aus der Welt waren die Hexenprozesse der beginnenden Neuzeit. Die Inquisition, im Dienste einer göttlichen Vernunft, versucht sich im Zugriff auf die Frauen, indem sie diese zu Hexen werden läßt. «Alltägliches Tun von Frauen, in dem der Zusammenhang von Frauen-Leib und Natur sichtbar wird, [wird] jetzt als Hexerei verteufelt.» (ILLICH) In der unablässigen Beschäftigung der Inquisitoren mit allen körperlichen Einzelheiten der Teufelsbesessenheit, die selbst einer Besessenheit gleicht, wird deutlich, wie gerade die menschliche Leidenschaft, das «Sündhafte» des menschlichen Körpers, in der Frau, der Hexe, gesehen wird. Wir wissen, daß viele «weise Frauen», wie die Hebammen («femmes sages») noch heute in Frankreich heißen, die sich das alte Wissen über die Empfängnisverhütung bewahrt hatten, den Scheiterhaufen besteigen mußten. Sinnlichkeit und Sexualität jenseits des göttlichen Fortpflanzungsauftrags («Seid fruchtbar und mehret euch . . .») gehörten zu einer Welt, die nicht nur keine

Existenzberechtigung mehr hatte, sondern zur Bedrohung des vernunftgläubigen, fortschrittsgläubigen Menschen geworden war. Diese Abspaltung des «dämonisch» erlebten Körperlichen bringt das Unverständnis für die affektive Verschränkung der Körper mit sich und damit das Entsetzen davor. «Der ganz und gar vernünftig gewordene Körper des Menschen, das ist der ganz und gar fremd gewordene, der in seiner Dämonie nun nicht mehr beherrschbare Körper ... Sinnlichkeit, Affekt und Imagination sind nicht mehr die Grundlagen jeder möglichen Erkenntnis, sondern deren schierer Gegensatz.» (NITZSCHKE)

Die Inquisition stellt eine kulturelle Befestigung des Männlichen dar. Männliche Identität heißt mehr Selbstkontrolle und Fremdbeherrschung. Die abgespaltene Weiblichkeit muß beherrscht, muß unterworfen werden.

Die Rede war von der Kehrseite des Weiblichen, die in der «Schwarzen Romantik» durch sexuelle Gier, Erbarmungslosigkeit, ja sogar blutigen Sadismus charakterisiert wurde. Aber nicht nur diese Eigenschaften bedrohten im letzten Jahrhundert, das uns besonders interessiert, die männliche Welt. Das Androgyne der Frau beginnt mehr und mehr zu beunruhigen. Noch für den Romantiker NOVALIS war der Hermaphrodit ein Symbol der Harmonie, doch um die Jahrhundertmitte wurde die Aufrechterhaltung unzweideutiger Geschlechtsideale als Ordnungsprinzip, das man den Turbulenzen der Moderne wie einen magischen Fetisch entgegenhalten konnte, wichtiger als irgendeine mystische Einheit. In der Literatur wurde nun das androgyne Wesen zur aggressiven und maskulinen Frau, die um so mehr irritierte, als sie die Aufgabenverteilung zwischen Mann und Frau in Frage stellte:

die kinderlose Lesbierin als Inkarnation der Verweigerung eines «wahrhaft weiblichen» Lebensentwurfes und damit des bürgerlichen schlechthin.

Interessant ist, daß mit dem Aufkommen der Décadence in Frankreich und England Homosexuelle und Lesbierinnen sich aus dem Schatten hervorzuwagen und Anerkennung ihrer Identität zu reklamieren begannen. Ihr Protest gegen das Bürgertum zielte auf die Aufweichung der starren Geschlechterrollen. Für CHARLES BAUDELAIRE (1821–1867) und JORIS KARL HUYSMANS (1848–1907), herausragende Köpfe der Décadence, bestand – trotz oder gerade wegen ihres Frauenhasses – die Verfeinerung, die Vergöttlichung des Menschen (des Mannes?) in seiner Verweiblichung.

Diese Aussicht hätte einen bedeutenden Ideologen der Geschlechterbeziehung, OTTO WEININGER, entsetzt. Er veröffentlichte 1903 seine Studie «Geschlecht und Charakter», worin er die Emanzipation der Frau postulierte – zum Männlichen hin. Wo Frau war, sollte Mann werden. Seine Studie ist bestimmt durch seine tiefe Geschlechtsfurcht vor der Frau, die in ihrer Trägheit und Laszivität, in ihrer unablässigen Beschäftigung mit dem Geschlechtlichen, mit ihrer geringen Fähigkeit zu geistiger und moralischer Leistung, den Mann beständig in den Sumpf niederer Begierden zu ziehen trachte. Und dieser Sumpf mußte trockengelegt werden! Um sich selbst zu retten, mußte der Mann zum Retter der Frau werden. Für WEININGER ist Männlichkeit identisch mit Rationalität und Asexualität. Auch er geht von der Annahme der Bisexualität beider Geschlechter aus. Doch Emanzipation heißt für ihn stets Verzicht auf Sexualität und Sieg der vergeistigten Männlichkeit.

WEININGERS Werk hatte eine nicht unbeträchtliche Resonanz – STRINDBERG war einer seiner Verehrer – wahrscheinlich auch deshalb, weil es die Ängste viktorianischer Bürger vor der Frau, die sie sich nur als Engel oder als Teufel vorstellen konnten, gesammelt zur Sprache brachte.

Freuds Bild
von Frau und Mann

Die vorangegangenen recht impressionistischen Passagen über die Entwicklung des Bildes von Mann und Frau bis zum Ersten Weltkrieg sollen deutlich machen, wie sehr SIGMUND FREUD das bürgerliche Ideal des Geschlechterverhältnisses übernommen hatte und wie wenig er an der Gültigkeit dieses Männer- und Frauenbildes zweifelte. Er entdeckte zwar die Bedeutung der Sexualität für den Menschen neu, wenn man so will. Er setzte sich vehement ein für die Anerkennung der Triebhaftigkeit als Movens menschlicher Existenz, angefangen bei kruder Sinnlichkeit bis hin zur Schöpfung von Werken der Kunst und Wissenschaft. Er sah im Unbewußten, das er im wesentlichen für das Reservoir alles Verdrängten hielt, den eigentlichen Herrn über das Schicksal des Menschen.

Daß diese Erkenntnisse die bürgerliche Respektabilität, die von allen niederen Instinkten gereinigt war, aushöhlten, ist evident und erklärt die Proteststürme, denen sich FREUD ausgesetzt sah. Hier ist er der revolutionäre Denker, der dem Bürgertum eine Maske nach der anderen herunterreißt. Doch warum gab dieser umstürzlerische Denker letztlich unveränderte Vorstellungen über das, was Mann und Frau zu sein hätten, weiter? Was hieß ihn die bürgerlich-patriarchalische Tradition hochhalten?

Ich glaube, man kann gar nicht oft genug betonen, welchen Mut es gebraucht haben muß, die «polymorph-perverse» Sexualität des Kindes und die unbewußte allgemeine sexuelle Gesteuertheit menschlichen Lebens um die Jahrhundertwende zu entdecken und auszusprechen. Viele Briefe FREUDs zeugen von seinem Kampf, einem Kampf nach außen wie nach innen, gegen gesellschaftliche Konventionen und gegen die eigenen verinnerlichten sozialen Normen und die eigenen Ängste.

Mußte es nicht eine Angstminderung, eine Stabilisierung in der Flut überwältigender Erkenntnisse bedeuten, wenn es gewisse Strukturen gab, die geordnet blieben und unhinterfragt? Eine solche stabilisierende Struktur scheint FREUD in einer spezifischen Mann-Frau-Konfiguration gesehen zu haben, auf die ich sogleich eingehen will. Doch zunächst sei daran erinnert, daß Freud durch die Annahme und Betonung der Bisexualität eine Verflüssigung der Geschlechtergrenzen konzipierte, daß er die Begriffe männlich und weiblich, losgelöst von ihrer anatomischen Basis, als soziale Bildungen verstand, daß er Aktivität und Passivität, Aggressivität und Gefügigkeit als in der Natur ganz unterschiedlich auf die Geschlechter der einzelnen Arten verteilte Eigenschaften sehen wollte.

FREUD sprach darüber in seinen Vorlesungen Anfang der dreißiger Jahre so: «Und dann sagt Ihnen die Wissenschaft etwas, was Ihren Erwartungen zuwiderläuft und wahrscheinlich geeignet ist, Ihre Gefühle zu verwirren . . . Sie sieht . . . das Anzeichen einer Zweigeschlechtlichkeit, *Bisexualität*, als ob das Individuum nicht Mann oder Weib wäre, sondern jedesmal beides, nur von dem einen so viel mehr als vom andern. Sie werden dann aufgefordert, sich mit der Idee vertraut zu machen, daß das Verhältnis, nach dem sich Männliches und Weibliches im Einzelwesen vermengt, ganz erheblichen Schwankungen unterliegt. Da aber doch, von den allerseltensten Fällen abgesehen, bei einer Person nur einerlei Geschlechtsprodukte – Eier oder Samenzellen – vorhanden sind, müssen Sie an der entscheidenden Bedeutung dieser Elemente irre werden und den Schluß ziehen, das, was die Männlichkeit oder die Weiblichkeit ausmache, sei ein unbekannter Charakter, den die Anatomie nicht erfassen kann.

Kann es vielleicht die Psychologie? Wir sind gewohnt, männlich und weiblich auch als seelische Qualitäten zu gebrauchen, und haben ebenso den Gesichtspunkt der Bisexualität auf das Seelenleben übertragen. Wir sprechen also davon, daß ein Mensch, ob Männchen oder Weibchen, sich in diesem Punkt männlich, in jenem weiblich benehme. Aber Sie werden bald einsehen, das ist bloß Gefügigkeit gegen die Anatomie und gegen die Konvention. Sie können den Begriffen männlich und weiblich *keinen* neuen Inhalt geben. Die Unterscheidung ist keine psychologische; wenn Sie männlich sagen, meinen Sie in der Regel ‹aktiv›, und wenn Sie weiblich sagen, ‹passiv›. Nun ist es richtig, daß eine solche Beziehung besteht. Die männliche Geschlechtszelle ist aktiv beweglich und sucht die weibliche auf, und diese, das Ei, ist unbeweglich, passiv, erwartend. Dies Verhalten der geschlechtlichen Elementarorganismen ist sogar vorbildlich für das Benehmen der Geschlechtsindividuen beim Sexualverkehr. Das Männchen verfolgt das Weibchen zum Zweck der sexuellen Vereinigung, greift es an, dringt in dasselbe ein. Aber damit haben Sie eben für die Psychologie den Charakter des Männlichen auf das Moment der Aggression reduziert. Sie werden zweifeln, ob Sie damit etwas Wesentliches getroffen haben, wenn Sie erwägen, daß in manchen Tierklassen die Weibchen die stärkeren und aggressiven sind, die Männchen nur aktiv bei dem einen Akt der geschlechtlichen Vereinigung. So ist es z. B. bei den Spinnen. Auch die Funktionen der Brutpflege und Aufzucht, die uns als so exquisit weiblich erscheinen, sind bei Tieren nicht regelmäßig an das weibliche Geschlecht geknüpft . . . Selbst auf dem Gebiet des menschlichen Sexuallebens merken Sie bald, wie unzureichend es ist, das männliche Benehmen durch Aktivität, das weibliche durch Passivität zu decken. Die Mutter ist in jedem Sinn aktiv gegen das Kind, selbst vom Saugakt können Sie ebensowohl sagen, sie säugt das Kind als sie läßt sich vom Kinde säugen. Je weiter Sie sich dann vom engeren sexuellen Gebiet entfernen, desto deutlicher wird jener ‹Überdeckungsfehler›. Frauen können große Aktivität nach verschiedenen Richtungen entfalten, Männer können nicht mit ihresgleichen zusammenleben, wenn sie nicht ein hohes Maß an passiver Gefügigkeit entwickeln. Wenn Sie jetzt sagen, diese Tatsachen enthielten eben den Beweis, daß Männer wie Weiber im psychologischen Sinn bisexuell sind, so entnehme ich daraus, daß Sie bei sich beschlossen haben, ‹aktiv› mit ‹männlich›, ‹passiv› mit ‹weiblich› zusammenfallen zu lassen. Aber ich rate Ihnen davon ab. Es erscheint mir unzweckmäßig, und es bringt keine neue Erkenntnis.

Man könnte daran denken, die Weiblichkeit psychologisch durch die Bevorzugung passiver Ziele zu charakterisieren. Das ist natürlich nicht dasselbe wie die Passivität; es mag ein großes Stück Aktivität notwendig sein, um ein passives Ziel durchzusetzen. Vielleicht geht es so zu, daß sich beim Weib von ihrem Anteil an der Sexualfunktion her eine Bevorzugung passiven Verhaltens und passiver Zielstrebungen ein Stück weit ins Leben hinein erstreckt, mehr oder weniger weit, je nachdem sich diese Vorbildlichkeit des Sexuallebens begrenzt oder ausbreitet. Dabei müssen wir aber achthaben, den Einfluß der sozialen Ordnungen nicht zu unterschätzen, die das Weib gleichfalls in passive Situationen drängen. Das ist alles noch sehr ungeklärt . . . Die dem Weib konstitutionell vorgeschriebene und sozial auferlegte Unterdrückung seiner Aggressionen begünstigt die Ausbildung starker masochistischer Regungen . . . Der Masochismus ist also, wie man sagt, echt weiblich. Wenn Sie aber dem Masochismus, wie so häufig, bei Männern begegnen, was bleibt Ihnen übrig, als zu sagen, diese Männer zeigen sehr deutlich weibliche Züge? . . . auch die Psychologie [wird] das Rätsel der Weiblichkeit nicht lösen . . . Der Eigenart der Psychoanalyse entspricht es dann, daß sie nicht beschreiben will, was das Weib ist, – das wäre eine für sie kaum lösbare Aufgabe, – sondern untersucht, wie es wird, wie sich das Weib aus dem bisexuell veranlagten Kind entwickelt.» (FREUD, GES. WERKE XV, «Neue Folge der Vorlesungen zur Einführung in die Psychoanalyse», 1933, S. 121–124)

Ich zitiere diese FREUD-Stelle so ausführlich, weil sie zwei Dinge vor Augen führt.

Zum einen macht sie deutlich, mit welcher Differenziertheit er sich dem Problem der Bisexualität nähert, wie umfassend er bei der Entwicklung des Konzepts weiblicher Identität auch soziale und kulturelle Einflüsse in Erwägung zieht, wie wenig er sich einer platten Gleichsetzung von Aktivität und Aggressivität mit Männlichkeit und von Passivität und Gefügigkeit mit Weiblichkeit schuldig macht. Er verkündet nichts apodiktisch, alles zeugt von einer großen Offenheit des Denkens jenseits der Konventionen des damaligen bürgerlichen Selbstverständnisses.

Doch die erstaunliche Bereitschaft FREUDS, viele seiner eigenen Erkenntnisse für vorläufig, für noch ungesichert zu halten, wird an zwei Stellen des Zitats nicht durchgehalten. Dort macht er Aussagen, die weder hinterfragt noch relativiert werden, obwohl er das sonst regelmäßig und grundsätzlich tut. An der einen Stelle behauptet er, die Frau sei in ihrer Sexualität aktiv nur dem Kinde gegenüber, beim Geschlechtsverkehr mit dem Mann – dies vermittelt er implizit – sei sie dagegen passiv. Wird das Weibchen doch aktiv, wird es zur Spinne. An der zweiten Stelle behauptet er, die Aggressivität wende sich bei der Frau auch *aus biologischen Gründen* gegen sie selbst und führe zu dem unausweichlichen weiblichen Masochismus.

An diesen beiden Stellen zeigt sich der Bruch, der aus einer gesellschaftlich progressiven, offenen, noch wenig abgesicherten Theorie der Geschlechtsidentität eine nach wie vor bürgerlich-patriarchale, frauenfeindliche und – das wird leicht übersehen – versteckt auch männerfeindliche Theorie macht.

FREUDS zu Beginn eher abwägender Ton wird im Verlaufe der (nicht weiter zitierten) Vorlesung immer zweifelsfreier, immer weniger zögernd. Seine Beschreibung der weiblichen Sexualentwicklung bekommt etwas zunehmend Apodiktisches, reduziert die Frau, wo es nur geht, auf ein penisloses und darum unentrinnbar neidisches, letztlich geschlechtsloses Geschöpf, das seine wirkliche Erfüllung nur in der Mutterschaft findet, vor allem als Mutter eines Sohnes! «Nur das Verhältnis zum Sohn bringt der Mutter uneingeschränkte Befriedigung; es ist überhaupt die vollkommenste, am ehesten ambivalenzfreie aller menschlichen Beziehungen. Auf den Sohn kann die Mutter den Ehrgeiz übertragen, den sie bei sich unterdrücken mußte, von ihm die Befriedigung all dessen erwarten, was ihr von ihrem Männlichkeitskomplex verblieben ist. Selbst die Ehe ist nicht eher versichert, als bis es der Frau gelungen ist, ihren Mann auch zu ihrem Kind zu machen und die Mutter gegen ihn zu agieren.» (FREUD)

Was FREUD dazu brachte, das Sexualwesen Frau als Mutter festzuschreiben, die Frau damit ebenso zu idealisieren wie zu degradieren, dürfte eine Kombination sein aus kulturhistorischen Determinanten – auch die respektable Bürgerin definierte sich übers Muttersein – und seiner persönlichen Einstellung zur Sexualität, zur Frau und zum Mann, geprägt durch seine eigenen frühkindlichen Erfahrungen in seiner Herkunftsfamilie. Daher sieht CHRISTINA VON BRAUN in FREUD weniger den Befreier der Sexualität als einen Erfüllungsgehilfen des Logos, der die Frau als Sexualwesen endgültig liquidiert.

Ich will mich aber nicht wieder mit den frauenfeindlichen Anteilen in FREUDs Denken befassen, sondern auf die sehr viel weniger auffällige Männerfeindlichkeit eingehen.

Hat der Mann nicht immer nur Vorteile? Als herrischer Säugling wird er verwöhnt, als kleiner Bub wie ein Kronprinz gehalten, als junger Mann bewundert, als Ehemann treu umsorgt. «Die Männer zu erziehen, wenn sie jung sind, sie zu umsorgen, wenn sie groß sind, sie zu beraten, sie zu trösten . . ., das sind die Pflichten der Frau zu allen Zeiten», heißt es in dem philosophischen Roman «Emile» von ROUSSEAU, 1762 erschienen, einem Fundamentaltext der Moderne mit unabsehbaren Folgen.

Der Mann ewig Sohn, die Frau ewig Mutter – ist damit nicht auch der Mann als Sexualwesen liquidiert, wenn man bedenkt, daß FREUDs Paradigma der intensivsten Beziehung zwischen Mann und Frau die Beziehung zwischen Mutter und Sohn ist?

Und was bringt ihn zu dieser Sicht? Läßt sich dieses Paradigma eventuell als ein Symptom deuten, das nach psychoanalytischem Verständnis wie alle Symptome vielfach determiniert ist, also mehrere, auch widersprüchliche Faktoren in sich vereinigt?

Ich will versuchen, mich diesem Symptom schrittweise zu nähern, und mit dem beginnen, was am klarsten auf der Hand liegt: SIGMUND FREUD, der die Mutter-Sohn-Beziehung zum Liebesideal erhebt, muß selbst eine heftige Liebe zu seiner Mutter empfunden haben. In seinem theoretischen Modell geht er ja sogar so weit, den Frauen zu unterstellen, sie würden nicht eher ruhen, als bis sie die psychische Mutter-Sohn-Konstellation zwischen sich und ihrem Ehemann hergestellt hätten. Er behauptet also: Es sind die Frauen, die Mütter, die sich aktiv um diese Konstellation bemühen, die sehnen sich, sagt er, genauso heftig wie der Sohn, wenn nicht gar mehr, danach. FREUDS Mutter Amalia wird als eine recht fordernde und selbstbezogene Frau geschildert. In seinem Modell dagegen setzen die Mütter alles in Bewegung, um dem Sohn nahe zu sein. Korrigiert also eine Wunschphantasie das Leid, das ihm die Haltung seiner Mutter bereitet hat? Und spielt er unbewußt auf den Ehrgeiz der eigenen Mutter an, der ihn ja ohne Zweifel zu Höchstleistungen trieb, ihm aber gleichzeitig eine passive Haltung verbot? Bekam er deshalb als erwachsener Mann vor Besuchen bei der Mutter regelmäßig Magenverstimmungen, weil er endlich einmal von ihr umsorgt werden wollte? Mußte er die Mutter-Sohn-Beziehung so idealisieren, um die negative Seite seiner Ambivalenz der Mutter gegenüber aufzuhellen? Daß er dem Begräbnis seiner Mutter fernblieb, verweist auf den ambivalenten Charakter seiner Gefühle ihr gegenüber.

In jedem Fall aber dürfte in seinem Paradigma der wahren Liebe der Triumph über den väterlichen Rivalen enthalten sein. Denn schließlich ist nach FREUD den Frauen die Sohnesliebe kostbarer als die Gattenliebe! Wo er sonst die Übermacht des väterlichen Rivalen schildert, an dessen Präsenz die ödipalen Wünsche des kleinen Jungen zerschellen müssen, beschreibt er hier den späten, aber endgültigen Sieg des Sohnes über den Vater.

Seine eigene Familiensituation war dadurch gekennzeichnet, daß seine Mutter die dritte Ehefrau des Jacob Freud war und beträchtlich jünger als ihr Gatte. Sie war eine blutjunge und schöne Frau. Es scheint diffuse Phantasien darüber gegeben zu haben, daß sie ein Verhältnis mit einem ihrer Stiefsöhne, einem Halbbruder FREUDs aus der ersten Ehe seines Vaters, gehabt haben könnte. Auch wenn dies nicht der Realität entspricht, muß diese spezifische Familienkonstellation doch stark zu einer Stimulierung inzestuöser Wünsche beigetragen haben. Für den kleinen, aber auch für den erwachsenen SIGMUND FREUD mag das geheißen haben, daß Söhne ihre Mütter doch noch gewinnen können und daß die mächtigen Väter am Ende doch das Nachsehen haben. Nicht umsonst spricht er von der «psychologischen Phasendifferenz» in der Liebe von Mann und Frau: Häufig erhalte erst der Sohn das, um was der Ehemann geworben habe, und das sei die Liebe der Frau.

Neben dieser klar erkennbaren Wunscherfüllungsphantasie gibt es noch weitere Aspekte aus der Beziehung zu seiner Mutter, die ebenfalls in sein Theoriegebäude Eingang gefunden haben. So sagt er, die inzestuöse Bindung des Mannes an seine Mutter führe zu einer Desexualisierung seiner Beziehungen zu geliebten Frauen, die, ähnlich wie die Mutter, idealisiert, aber nicht begehrt werden dürfen: «Wo sie lieben, begehren sie nicht, und wo sie begehren, können sie nicht lieben.»

Dies führt zu einer Aufspaltung der Frauen-Imago in die Mutter und die Hure, zwei desintegrierte Aspekte des Weiblichen, denen der inzestuös fixierte Mann ausgeliefert scheint. Divide et impera – spalte und walte! Was einen bedroht, muß man zu beherrschen suchen, um nicht selber unterzugehen. Eine Form der Beherrschung ist die Verachtung.

«Ich spüre manchmal auch eine Frauenverachtung, und zwar äußerst stark, wenn ich mit einer geschlafen habe. Nicht sonst, aber auf sexuellem Gebiet überkommt mich zuweilen diese Frauenverachtung. Ich führe die sexuelle Verweigerung meiner Frau zu einem Teil auch darauf zurück, obwohl wir nie darüber geredet haben. Ich vermute, sie spürt das, und weil sie weiß, sie wird nach dem Sex verachtet, verschließt sie sich mir, denn sie will mich ja nicht verlieren. Ich ein Frauenverächter, ausgerechnet ich, der flammende Anwalt der berufstätigen und selbständigen Frau! Aber da ist dann dieser Anfall von Frauenverachtung, der mich überkommt. Ich kenne die Hypothese, daß das im Grunde verwandelte Angst ist. Ich weiß das mit dem Kopf und trotzdem: wenn die sich erst einmal dazu hergegeben haben, sind sie für mich erledigt. Davor habe ich übrigens ganz klare Ängste, weil ich diese Frauen doch mag. Ich habe immer Angst vor dem plötzlichen Verlust der Attraktivität der Frau. Ich habe immer Angst vor dem Moment danach, wenn das komische Gefühl kommt: plötzlich ist sie mir zuwider, sie ekelt mich an. Was ist das für eine, ist sie's wert? Ist sie meiner wert? Dieses Gefühl der Verachtung kam früher so stark, daß ich mich davor schützen mußte. Ich mußte immer Erlebnisse mit anderen Frauen dazwischenschieben, bis dieses Gefühl wieder abgeklungen war und ich mit der einen wieder zusammensein wollte. Und dann ging es wieder von neuem los. Das war schrecklich.»

Die inzestuös geliebte Mutterfigur ist eine äußerst gefährliche Partnerin! Sie hat große Macht als Verführerin, sie reizt und provoziert mit ihrer Sinnlichkeit und lockt zum Inzest. Und der bedeutet doppelte Gefahr: zum einen stellt er die Verletzung eines allerstrengsten Verbotes dar, zum anderen, und das ist die noch tiefere Bedrohung, vernichtet der Inzest die Individualität, er bedeutet die Regression in vorindividuelle Stadien, reißt in den Strudel mächtig anflutender Triebe.

FREUD hat gefordert: «Wo Es war, soll Ich werden» und hatte diesen Prozeß mit der «Trockenlegung der Zuydersee» verglichen. Hierin zeigt sich seine punktuelle Nähe zu WEININGER, bei dem das Weib keine festen Grenzen hat, zerfließt und den Mann zerfließen lassen könnte, wenn dieser sich – verzaubert – zu einem Geschlechtsakt hinreißen ließe. «Es ist ein Fluß ohne Ende und riesig breit, der so durch die Literaturen fließt. Immer wieder: die Frau aus dem Wasser, die Frau als Wasser, als brausendes, spielendes, kühlendes Meer, als reißender Strom . . . als unbegrenztes Gewässer . . . die Frau als lockende oder gefährliche Tiefe . . . Die Vagina als Eingang in den Ozean, als Teil aller Ozeane, die Ozeane als Teil jeder Vagina.» (THEWELEIT) Ist das Unbewußte der FREUDschen Psychoanalyse, das sogenannte Es, also nichts anders als die Frau, das Weibliche? WEININGER sagte: Der Haß gegen die Frau sei stets noch nicht überwundener Haß gegen die eigene Sexualität. Das Sexuelle also als die eigentliche Gefahr, die jedermann in sich trägt, aber, um die Angst zu bannen, nur noch den Frauen zuschreibt, um es in der Frau zu bekämpfen? Das Sexuelle als eine, so absurd es klingen mag, ungeschlechtliche oder besser: übergeschlechtliche Kraft, die in Männern und Frauen zur Wirkung kommt, aber selbst nicht aufzuteilen ist. Besagt nicht die Triebtheorie gerade dies? Oder auch, dialektischer ausgedrückt: das Geschlecht ist Eines, das in zwei Ausprägungen erscheint. So spricht REIMUT REICHE in Anlehnung an biologische Begriffe vom «dimorphen» Geschlecht.

In seiner Schrift «Das Unbehagen in der Kultur» setzt FREUD sich über mehrere Seiten mit einem Gefühl auseinander, von dem er meint, es sei ihm fremd: mit dem «ozeanischen Gefühl». Als existentiell-religiöse Erfahrung ist es ihm unvertraut, aber offenbar konnte er sich auch im sexuellen Erleben nicht darauf einlassen, denn er meint: «Allen Zeugnissen der Sinne [!] entgegen behauptet der Verliebte, daß Ich und Du eines seien.» Er mußte diese eben gerade durch die Sinne hervorgerufene, vorübergehende Auflösung der Individualität offenbar abwehren. «Freud will nach *oben*; diese ganze Ozeanien-Geschichte ist ihm irgendwie unter Wasser, dunkel und bedrohlich.» (THEWELEIT) So berichtet KURT EISSLER von FREUD, dieser habe seit einer unglücklichen Jugendliebe seine musikalischen Fähigkeiten abwehren oder in starkem Maße kontrollieren müssen, da er den emotionalen Sog, der von Musik ausgeht, gefürchtet habe. Musik kann der Zugang zu jenen «sprachlosen» Gefühlswelten sein, die dem Primärvorgang nahestehen. Damit auch zu den «ozeanischen Gefühlen», den Zuständen jenseits der Individualität.

Es scheint jedoch, daß FREUD noch einen tieferen Grund hatte, sich vor einem Versinken in ozeanische Seligkeit, vor einem Einlassen auf regressive Prozesse zu hüten, als nur die unglückliche Jugendliebe, die wohl eher als Deckerinnerung dient. Viel entscheidender erscheint mir die unerwartete und abrupte Trennung von seiner tschechischen Kinderfrau, als er zweieinhalb Jahre alt war. Diese Kinderfrau hatte sich des Diebstahls schuldig gemacht und war von seinem Halbbruder (dem nämlichen, dessen Beziehung zu seiner Mutter mehrdeutig gewesen sein mag) angezeigt worden. Dieses plötzliche Verschwinden der Kinderfrau aus seinem Leben muß für den kleinen SIGMUND FREUD traumatisch gewesen sein. Denn diese Frau war es gewesen, zu der er den engsten körperlichen Kontakt hatte. Die Beziehung zu ihr muß stark libidinös gewesen sein, denn später geht er sogar so weit anzunehmen, sie habe ihn sexuell stimuliert, ja verführt. MARIANNE KRÜLL sieht in dieser Kinderfrau, mehr noch als in seiner leiblichen Mutter, die Inkarnation, das Symbol der großen «Liebe und Verderben spendenden Allmutter» für ihn. Auf jeden Fall dürfte dieser grausame, so früh erlittene Verlust einer der Gründe sein, weswegen der Mann FREUD nicht in der Lage war, sich strömenden erotischen Gefühlen voll zu überlassen.

«Die mit der Topik von Ich/Es/Über-Ich beschreibbare Person wäre somit konzipiert als trockenes Grab für die Ströme ... die *konkrete* Form des Kampfes gegen die Produktivkraft des Unbewußten [wurde] als Kampf gegen die Frauen, als Kampf gegen die weibliche Sexualität geführt.» (THEWELEIT) Mit anderen Worten: er mußte sich vor diesen Gefühlen schützen, mußte sich absichern, mußte Dämme und Deiche bauen, um nicht fortgeschwemmt zu werden in eine Glückseligkeit, die stets auch den qualvollen, unfaßbaren Verlust in sich trug, stets auch Trauer, Verzweiflung, Rache und Haß aufwühlte, Emotionen, die jede – vor allem so frühe und lebensgeschichtlich so bedeutsame – unverarbeite Trennung mit sich bringt.

Der Mast der Vernunft

Den Zugang zu dieser Gefühlswelt dürfte FREUD sich aus den genannten Gründen verschlossen haben. Mit all seiner analytischen Kraft warf er sich in den Kampf gegen die Verlockungen seiner frühesten Zeit. Er wurde ihm zum Kampf gegen die wogenden Fluten, gegen das Ungeheuere, das Unheimliche des feuchten Elements, gegen die Frau, gefaßt in der Metapher des flutenden Meeres. Seine Trockenlegung, FREUD sprach von der «Trockenlegung der Zuydersee», von der zähen Kulturarbeit, mit der dem Meer (dem Es) Polder abgetrotzt werden, behütete Orte des Ichs und der Rationalität, mußte um jeden Preis geleistet werden. Das ist zu verstehen als sein Versuch, den bedrohlichen, weil Lust, Verwirrung und Schmerz stiftenden Körper der Frau zu bändigen.

Aber mit dieser Festlegung der Frau ist auch die Fixierung des Mannes besiegelt. Verbunden ist mit seiner Eroberungsleistung eine spezifische körperliche Zurichtung, um ihn die Gefahren der Weltmeere besser bestehen zu lassen. Um in das strömende Element vorzustoßen, klammert er sich an den «Mast der Vernunft» (NITZSCHKE), den Phallus, den Totempfahl des Mannes: Odysseus läßt sich daran festbinden, um bei der Vorbeifahrt die Sirenen wohl zu hören, ihnen aber nicht zu verfallen.

Es gibt keinen Zweifel, daß SIGMUND FREUD die bedrohlichen Lockungen der Sirenen fürchtete. In einem Brief an seine Verlobte Martha Bernays aus dem Jahre 1883 schreibt er: «Es fällt mir ein, was ich bei der Carmenvorstellung gedacht habe: das Gesindel lebt sich aus, und wir entbehren. Wir entbehren, um unsere Integrität zu erhalten, wir sparen mit unserer Gesundheit, unserer Genußfähigkeit, unseren Erregungen, wir heben uns für etwas auf . . . und diese Gewohnheit der beständigen Unterdrückung natürlicher Triebe gibt uns den Charakter der Verfeinerung.»

Aber es geht nicht nur um Verfeinerung. Verfeinerung wird angestrebt, um das Unheimliche, das anzieht und bedroht, zu bannen. In seiner Arbeit über «Das Unheimliche» berichtet er ein Beispiel, das ihm, wie er sagt, lediglich dazu dienen soll, die Wiederholung des Gleichartigen als eine Quelle des unheimlichen Gefühls zu illustrieren, das aber viel tiefere Schlüsse zuläßt. FREUD berichtet, wie er sich im Labyrinth der Straßen einer italienischen Stadt ins Hurenviertel verirrt: «Es waren nur geschminkte Frauen an den Fenstern der kleinen Häuser zu sehen, und ich beeilte mich, die enge Straße durch die nächste Einbiegung zu verlassen.» Führerlos wandert er umher und gerät noch zwei weitere Male in die Straße der Huren. Dieses Viertel scheint eine magische Anziehungskraft auf ihn auszuüben, doch seine Zielsicherheit bleibt ihm unbewußt.

«Dann aber erfaßte mich ein Gefühl, das ich nur als unheimlich bezeichnen kann, und ich war froh, als ich unter Verzicht auf weitere Entdeckungsreisen auf die . . . Piazza zurückfand.»

Wieviel angstfreier muten da die Worte eines anderen Flaneurs, WALTER BENJAMINS, an, der von den

Labyrinthen der Städte träumt: «In einer Stadt sich aber zu verirren, wie man in einem Walde sich verirrt, braucht Schulung ... Diese Kunst habe ich spät erlernt, sie hat den Traum erfüllt, von dem die ersten Spuren Labyrinthe auf den Löschblättern meiner Hefte waren.»

Im Mittelpunkt des Labyrinths sitzt das Ungeheuer, und Ariadne hilft mit ihrem Faden. Aber wenn man fürchtet, auf Ariadne sei kein Verlaß, das Fädchen zu dünn oder sie selbst möglicherweise hinterhältig, begibt man sich nicht ins Labyrinth. Oder man läßt die Frau sitzen wie Theseus, wenn man erst wieder ans Tageslicht gefunden hat. Es gibt viele Methoden, sich der frühen Mutterfiguren zu erwehren. Eine der Methoden FREUDS bestand darin, den Frauen triumphierend nachzuweisen, sie hätten gar keine andere Möglichkeit, als sich minderwertig zu fühlen. Schließlich mangele ihnen das einzige Instrument, mit dem der Mensch in der Welt bestehen könne. FREUD und FERENCZI sprechen vom Medusenhaupt als dem mythologischen «Symbol des Grausens» und vergleichen es mit dem Eindruck, den das penislose, also kastrierte, weibliche Genitale auslöse. BERND NITZSCHKE analysiert in überzeugender Weise, daß das Haupt der Medusa nicht, wie FREUD meinte, die Ohnmacht des Weibes symbolisiere, sondern im Gegenteil seine Macht. In psychoanalytische Sprache übersetzt, repräsentiert die Medusa die Mutter der frühen Kindheit, die Mutter der präödipalen Zeit. «Gegen diese Macht», sagt NITZSCHKE, «stellt sich der Mann. Dem Gesetz der Großen Mutter tritt das Gesetz des Phallus, der Identität entgegen.»

Somit läßt sich die phallozentrische Theorie FREUDS als ein grandioses Abwehrmanöver gegen eine allzu bedrohliche, weil omnipotent erlebte, Mutterfigur deuten. Ebenso ist der für ihn so wesentliche Mythos des Ödipus nur in seiner patriarchalen Lesart in sein Denken eingegangen. Gerade das Rätsel der Sphinx weist auf die vorpatriarchale Herkunft des Ödipus-Mythos hin. Es ist ein Rätsel, wie es für die Welt des Matriarchats charakteristisch ist, und es gleicht ein wenig den Rätseln, die in einigen Legenden der Königin von Saba als weiser Frau zugeschrieben werden. Bekanntlich riß die Sphinx alle Männer in Stücke, die ihre Frage nicht beantworten konnten. Welche Gründe mag es gegeben haben, weswegen die Antwort auf ihre rätselhaft verschlüsselte Frage nach dem Menschen in Vergessenheit geraten war? Wohin war das wahre Wissen über die menschliche Existenz verschwunden? Hatte es eine Zeit gegeben, in der diese Frage kein Rätsel war, sondern die Lösung jedermann zugänglich? Was war verlorengegangen, daß es einen Helden wie Ödipus brauchte, um eine zum unentwirrbaren Rätsel gewordene Selbstverständlichkeit aufzulösen?

Ödipus bewies, indem er das Rätsel der Sphinx löste, daß nunmehr er die Geheimnisse des Lebens beherrsche und daß die Präsenz der Sphinx nicht mehr erforderlich und erwünscht sei. Die bereits zur Sphinx entstellte letzte Vertreterin des Matriarchats unterlag dem Helden. Sicher ist der Sieg des Helden Ödipus über die Sphinx in mehrfacher Weise ein Schutz vor der Zerstückelung des Männerkörpers. Eine derart bewahrte Männlichkeit ist wie eine Waffe und doch zerbrechlich. Sie muß geschützt und um so vehementer verteidigt werden, je unsicherer das Fundament ist, auf dem sie steht. Die Kastration wird allenthalben gefürchtet. Aber Kastration, wenn man den vorangegangenen Überlegungen folgt, schreckt als lebensbedrohlicher, wehrlos machender Verlust einer Waffe und sehr viel weniger als Verlust eines lebendigen, Lust spendenden Geschlechtsorgans. Dem Helden ist allemal der Kampf mit der Waffe wichtiger. Weiß er denn überhaupt mit seinem Genitale, seinem Körper in einer Weise umzugehen, die anders wäre als ein Einsatz an der Front? Denn ist Sexualität nicht vor allem Schlacht? Weiß er denn überhaupt, was mit ihm geschehen könnte, wenn er die Waffen streckte? Welche Auferstehungen, welche Himmel- und Höllenfahrten ihm dann zuteil würden? Himmel und Hölle und beides zugleich? Um so lärmender muß der Sieg des Patriarchats gefeiert werden als der «wichtigste Wendepunkt in der Geschichte des Geschlechterverhältnisses», wie BACHOFEN es ausdrückt, der die «Erhebung des irdischen Daseins zu der Reinheit des göttlichen Vaterprinzips» preist. Ist das nicht letzten Endes auch die Lösung, mit der FREUD seine schmerzvollen Erfahrungen mit den beiden wichtigsten Frauenfiguren seiner frühen Kindheit – heißgeliebte Kinderfrau und fordernde Mutter – zu bewältigen versucht?

Im Besitz des Phallus zu sein, scheint die Bedrohung mindern zu können, die von einem so zwiespältig erlebten Wesen ausgeht, wie es die Frau in den Augen FREUDS und seiner Zeitgenossen ist. Sie wurde, davon war die Rede, idealisiert, degradiert, infantilisiert, zum Neid provoziert, entsexualisiert, dämonisiert. Die vieldeutigen Zuschreibungen, was die Frau «eigentlich» sei, nehmen kein Ende. Der Part, der dem Manne blieb, war Eindeutigkeit. Die wurde ihm durch seine Phallizität garantiert. Mit diesem Zepter war der Dreieinigkeit aus «Gebärerin», «Genossin» und «Verderberin» noch am ehesten beizukommen.

Penetration und Innenraum

In einer Arbeit über «Die infantile Genitalorganisation», die seine weitergetriebenen Ansichten über die sexuelle Entwicklung beider Geschlechter darlegt, spricht FREUD davon, wie erst mit der Pubertät die sexuelle Polarität mit männlich und weiblich zusammenfalle. Das Männliche fasse das Subjekt, die Aktivität und den Besitz des Penis zusammen, das Weibliche setze das Objekt und die Passivität fort. Die Vagina werde nun als «Herberge des Penis» geschätzt, eine, wie ich finde, geradezu versöhnliche, vertrauensvolle Vorstellung FREUDS, der sich hier dem Weiblichen überlassen kann. Aber kann er dies vielleicht nur, weil er die Frau zuvor nach allen Regeln der Kunst zurechtgestutzt, sich ihrer Passivität und Objekthaftigkeit versichert hat? Und es taucht ja auch sogleich in der Formulierung, die Vagina trete das «Erbe des Mutterleibes» an, der bedrohliche Inzest am Horizont auf.

Es scheint also eine Frage von Vertrauen und Angstfreiheit zu sein, ob ein Mann es wagen kann, ungewappnet in eine Frau einzudringen; ob er sich in der «Herberge» zurechtfindet und nicht verliert. Folgen wir dem Bild weiter, dann erweist sich die Herberge als ein Ort vielfältiger Möglichkeiten. Ist sie lediglich eine nüchterne Schlafstatt, kahl und farblos, oder ist sie ein hellerleuchtetes Gasthaus voller Leben? Ist bereits Sperrstunde, und es wird nichts mehr ausgeschenkt, oder ist das Fest in vollem Gange, und der Wein fließt in Strömen? Ist es eine dunkle Räuberspelunke, in der man nur ausgenommen wird? Oder ist es ein Ort des Wohlbehagens? Gast und Wirtin werden die Gastlichkeit der Herberge gemeinsam erschaffen. Ihr Zusammenspiel wird darüber entscheiden, welche Säle, Räume, Kammern sich öffnen, in welchen Dekorationen, mit welcher Musik, welchen Speisen und Getränken gefeiert wird – oder auch nicht. Und wenn diese Herberge nichts weiter ist als ein düsteres Loch, in das man zwar hineinkriechen kann, aber es vielleicht doch lieber läßt, wem wäre da die Schuld zu geben?

Die Schwierigkeiten, einen lebendigen sexuellen Kontakt herzustellen, schilderte 1975 ein Mann in der Zeitschrift «Mann-O-Mann» so: «. . . weil mit dem Schwanzrinstecken für mich oft die Kommunikation abbrach. Ich fühlte mich dann manchmal wie jemand, der im dunklen Keller rumtastet und sich nicht mehr zurechtfindet.»

So wird die «Herberge des Penis» zum unterirdischen Kellerloch. Da zieht sich der Eindringling erschrocken zurück. Warum sollte er sich in einem schaurigen Verlies verlieren, wenn doch auch die Beletage Lust verspricht?

ALICE SCHWARZERS Penetrationsverbot kam auch einigen Männern sehr gelegen. Ihre Aufforderung, die Existenz der Vagina einfach zu leugnen, sofern es nicht um Fortpflanzung geht, spiegelt die allgegenwärtige Tendenz, die Frau, wo nur möglich, zu entsinnlichen. Selbst eine so bewußte Frau wie ALICE SCHWARZER konnte sich dieser Tendenz nicht entziehen, die die historisch gewachsenen Ängste der Männer vor der Frau nicht etwa auflöst, sondern sie viel mehr konserviert und damit noch verschärft. Ich spreche hier viel über die Ängste der Männer. Aber das die Männlichkeit bedrohende Bild von der Frau entspricht natürlich nicht realen Frauen aus Fleisch und Blut. Viele reale Frauen fühlen sich im Sexuellen ihrerseits äußerst bedroht. Sie fürchten Überwältigung, Kontrollverlust und Ich-Auflösung. Denn auch die Frau riskiert in der orgiastischen Verschmelzung die Auflösung ihrer Individualität und damit ein endgültig erscheinendes Abtauchen in regressive Stadien vorindividueller Beziehungsformen. Das Eindringen des Penis kann sie als Verletzung ihrer Körpergrenzen, als Bedrohung ihrer körperlichen Integrität erleben.

Vermeidung der Penetration kann diese Ängste mindern oder gar nicht erst aufkommen lassen. Mann und Frau verbünden sich dann in einer archaischen Angst, die der Hintergrund für alle anderen Ängste zu sein scheint: der Angst vor der Rückkehr in den Mutterleib. «Der Regressions- und Kastrationsangst des Mannes [entspricht] bei der Frau: die Penetrationsangst.» (NITZSCHKE)

Der Freudschüler SANDOR FERENCZI dagegen spricht in seinem «Versuch einer Genitaltheorie» von dem Wunsch nach der endgültigen Rückkehr in den Mutterleib, dessen amniotische Flüssigkeit den Ozean repräsentiere, aus dem alles Leben stamme und in den alles Leben sich zurücksehne. Daß Wunsch und Angst hier besonders eng verwandt sind, erscheint evident. Ein großer Teil der männlichen Sexualstörungen ist in dieser Weise zu verstehen. So kann eine zu frühe Ejakulation, um nur ein Beispiel zu nennen, die Gefährdung in der ambivalenten Beziehung zur Mutter symbolisieren. Der vorzeitige Erguß verkörpert den

Versuch, einerseits die Mutter vor der eigenen phallischen Destruktivität zu schützen, andererseits dem
beängstigenden Mutterleib früh genug wieder zu ent-
kommen.

Interessant erscheint mir in diesem Zusammenhang
ein Phänomen, das für meine Begriffe ausschließlich
kulturelle Gründe hat: Männer, die einen realen Inzest
mit ihrer Mutter vollzogen haben, werden häufiger
psychotisch als Frauen, die das gleiche mit ihrem
Vater erlebt haben. Über die traumatischen Folgen,
die ein realer Inzest natürlich für beide Geschlechter
hat, will ich hier nicht sprechen. Mich interessiert die
Tatsache der häufigeren psychotischen Dekompensa-
tion bei Männern zum einen, weil sie auf die generell
entgrenzende Wirkung der mütterlich-inzestuösen
Nähe verweist, zum anderen, weil die Ausgrenzung
des weiblichen Prinzips in unserer Kultur dieses ganz
besonders destruktiv erscheinen oder werden läßt,
wenn es einmal in voller Stärke durchbricht. Dann ist
die Blutschande der Mutter mit ihrem Sohn das un-
heilvollste Vergehen und verlangt als Preis die Psychose. Auch der von den Rachegöttinnen verfolgte
Orest bezahlte den Preis für seine Tat mit dem Wahnsinn. Doch seine Kultur bestrafte noch den Mord an
der Mutter, nicht den Inzest mit ihr.

Ich hoffe, daß das Vorausgegangene deutlich machen
konnte, welche Mittel und Wege immer wieder gefunden wurden, sich des Weiblichen zu erwehren, sei
es mit dem Rückzug in die Psychose, sei es mit ausge-
feilten Theorien. Diesen Aspekt muß man auch im
Gebäude der klassischen Psychoanalyse wahrnehmen.
Nur wäre es eben falsch zu sagen, FREUDS Lehre sei
eine Strategie im Kampf allein gegen die Frau. Das
wäre viel zu einfach und bedeutete nur, eine Aufspal-

tung weiterhin aufrechtzuerhalten. Denn wo die Frau bekämpft wird, ist der Mann schließlich ebenso betroffen. Wo weibliche Sinnlichkeit verlöschen soll, vergeht auch der Mann und umgekehrt.

Letztlich geht es um den Kampf gegen den Körper, gegen den Trieb, wenn nicht sogar gegen das Leben, um die Durchsetzung eines abstrakten, entsinnlichten, damit sinnlosen, lebensfeindlichen Prinzips, in dem Geburt, Sexualität und Tod ihrer konkreten Erfahrbarkeit und ihrer existentiellen Bedeutung beraubt sind. Und dennoch: «Wer ein Lob des Triebes singt», sagt VOLKMAR SIGUSCH, «muß höllisch aufpassen, nicht in schlechte Gesellschaft zu geraten, denn er ist von allen Blut-und-Boden-Ideologien ebenso umzingelt wie von den Anhängern des Neuen Irrationalismus umgarnt.»

Mit dieser Warnung im Sinn will ich fortfahren in der Hoffnung, etwas zur Erweiterung des psychoanalytischen Bildes vom Mann beizutragen. Es ist mir wichtig, auf die Arbeit einer amerikanischen Psychoanalytikerin hinzuweisen, die zu wenig Resonanz gehabt hat, obwohl sie eine wichtige Modifikation des klassischen Konzeptes der Sexualentwicklung vornimmt. Sie tut dies zwar auch bezogen auf die Frau, aber dort erscheint es mir weniger spektakulär als auf dem Gebiet der männlichen Reifungsprozesse. JUDITH KESTENBERG führt die «inner genitality» als eigenständige Entwicklungsphase ein. Sie bleibt zwar insgesamt bei der klassischen Lehre FREUDS, aber mit ihrer Betonung «innerer genitaler Körperwahrnehmungen» als wesentlich auch für den Mann wendet sie sich von rein phallozentrischen Vorstellungen ab. Ein erwachsener Mann, der nicht in der Lage sei, für seine innergenitalen Zonen eine körperliche wie emotionale Durchlässigkeit zu entwickeln, und der sich in seiner sexuellen Identität ausschließlich über die Phallizität definiere, sei ein um seine volle Männlichkeit gebrachter Mann, sagt KESTENBERG. Sie kann an vielen Beispielen zeigen, wie vorwiegend phallische Männer durch Sensationen aus ihrem Körperinnern (d. h. subjektive körperliche Empfindungen) beunruhigt werden. Die Phantasien dieser Männer machen deutlich, welche mechanischen Vorstellungen sie von der Beschaffenheit ihres Geschlechtsapparates haben: So meinen sie etwa, die Hoden hielten wie zwei Gewichte eines Uhrwerks den Penis in Gang, oder eine innere Vorrichtung mit Schnüren bewege die Hoden auf und nieder. Vage Empfindungen aus den inneren Anteilen des männlichen Genitales (etwa der Prostata) führen bei solchen Männern dann oft zur Beunruhigung darüber, ob ihr «Ding» überhaupt noch richtig funktioniere, und es steige in ihnen die Angst vor Potenzverlust auf – das Schreckgespenst der Kastration droht nicht von außen, sondern von innen.

Wenn diese Sensationen aus ihrem Körperinneren wegen mangelnder oder verkümmerter Tiefensensibilität nur vage wahrgenommen und dadurch um so bedrohlicher werden, besteht die Abwehrreaktion solcher Männer darin, alle Ängste und Sorgen hinsichtlich ihres eigenen Körperinnern auf die Frau zu projizieren. JUDITH KESTENBERG sagt, die konstante Beschäftigung des Mannes mit dem «Rätsel Frau» sei vor allem eine entlastende Ablenkung von seinem eigenen rätselhaften männlichen Inneren.

JUDITH KESTENBERG nimmt dem Mann nicht seine Propulsivität, seine Nachaußengerichtetheit, die sie für das Wesen des Männlichen hält. Aber sie holt ihn dennoch zurück in seinen Körper. Phallus und Mann sind bei ihr nicht gleichgesetzt. Für sie umfaßt eine voll entfaltete männliche Sexualität neben den phallischen Aspekten die Wahrnehmung und Akzeptierung des eigenen inneren Genitales und die Fähigkeit zu passiver Hingabe.

Aus dem, was ich über die Körperfeindlichkeit unserer Kultur gesagt habe, ist leicht ersichtlich, wie ungenügend bei uns die Tiefensensibilität für den eigenen Körper entwickelt sein muß. Dies gilt für den Mann noch mehr als für die Frau, deren Körperinneres periodisch in Bewegung gerät.

Das Geheimnis des Mannes

«Die Frau hat auch mehr Innenraum. Es geht soviel rein in sie, und in ihrem Bauch tut sich immer soviel. Ist ja auch kein Wunder. Schließlich hat sie zu ihrem Körperinneren einen viel freieren Zugang. Ob sie diesen auch mehr schützen muß? Wir Männer sind ganz anders ausgestattet, nicht so viele heimliche Tunnel, alles immer genau zu überprüfen. Und die Größe, zu der wir uns aufrichten können, ist manchmal doch ganz ansehnlich. Verglichen damit sind die Frauen irgendwie mieser dran. Denen bleibt ja gar nichts übrig, als sich nach innen zu verkriechen. Aber das stimmt nicht immer. Wie viele lassen einfach ihre Bäuche schwellen! Muß ein komisches Gefühl sein, so einen immer größer werdenden Bauch zu bekommen. Das sind ja Ausmaße, da kann man sich nur verstecken als Mann. Ich gäbe was drum, wenigstens einmal zu spüren, wie sich dieses Wachsen eines eigenen kleinen Menschen im Bauch anfühlt. Und nur die Frauen können einen neuen Menschen in die Welt setzen. Wenn man bedenkt, daß alle Menschen der Erde in den Bäuchen von Frauen gewachsen sind! Man kann manchmal wirklich vergessen, daß auch die Männer ihr Scherflein dazu beigetragen haben. Das ist verschwindend gering daneben.»

«Ich habe nie begreifen können, warum Männer auf schwangere Frauen neidisch sein sollen. Das ist eine Vorstellung, die ich bei mir nicht wiederfinden kann. Im Gegenteil, mich läßt Schwangerschaft kalt, das stößt mich sogar ab. Die Schwangere hat in sich einen Schmarotzer. Und man weiß doch, wie viele Parasiten den Wirt das Leben kosten. Bandwürmer, Hakenwürmer – die zerfressen dir die inneren Organe, zerstören

vielleicht sogar dein Gehirn. Daran denke ich bei Schwangerschaft. Und die Geburt weckt auch keine angenehmeren Gefühle in mir. Das kann doch nur abscheulich weh tun. So ein
Kindskopf ist beim Durchtritt wie eine Granate, die die Frau
zerfetzt. Ein Wunder, daß die meisten Frauen diese Prozedur
überleben. Dieses ganze Kinderkriegen bitte schön, ohne
mich!»

So äußern sich zwei gegensätzliche Männer. Der erste
durchlässig für seine vielfältigen Gefühle von Abwer-
tung, Bewunderung, Ohnmacht und Neid. Der andere abwehrend und geradezu schwelgend in destruktiven Phantasien.

Erst mit fortschreitender Entwicklung der Psychoanalyse als Behandlungsmethode und mit ihrer An-
wendung auf Anthropologie und Ethnologie wurde
der «Gebärneid» der Männer entdeckt. Bei FREUD
spielt der Gebärneid keine Rolle für das Seelenleben
des Mannes. Sicher ist auch dies ein Hinweis darauf,
welch tiefes Anliegen es für FREUD war, das Konzept
des biologisch angelegten Penisneides der Frau zu
einem Eckpfeiler seiner Theorie zu machen und damit
eine spezifische Interaktion der Geschlechter festzuschreiben, wobei die Frau den unterlegenen Part zu
spielen hatte.

BRUNO BETTELHEIMS Ausführungen über den Neid
der Männer auf die lebensspendenden Fähigkeiten der
Frauen relativieren ganz entscheidend die orthodoxen
psychoanalytischen Positionen hinsichtlich des Geschlechterverhältnisses. Natürlich geht es nicht
darum, gegen den alten Penisneid der Frauen den
neuen Gebärneid der Männer auszuspielen, um es mit
Schadenfreude den Männern heimzuzahlen. Ich
denke, beide Konzepte können hilfreich sein für das
Verständnis unterschiedlicher Phänomene. Ich würde
es als Verlust bedauern, so zu tun, als sei mit dem

Nachweis der Unhaltbarkeit der Hypothese vom *biologisch* bedingten Penisneid der Frau jeglicher Neid von Frauen auf den aufregenden Besitz der Männer aus der Welt geschafft. Ich kenne diesen Neid von mir selber und von vielen anderen Frauen. Nur dürfte dieser mehr oder weniger heftig siedende Neid immer eine sekundäre Bildung sein, keine anthropologische Grundkonstante.

Bettelheim sieht im Gebärneid der Männer dagegen ein archaisches Phänomen, das für ihn zur männlichen conditio dazugehört. Gestützt auf viel Material aus anthropologischen Forschungen über Pubertätsriten und auf überraschende Parallelen in Behandlungen psychotischer Kinder nähert sich Bettelheim dem «Geheimnis der Männer», nämlich ihrem verborgenen Wunsch, ebenso wie die Frauen über prokreative Fähigkeiten zu verfügen.

Für Bettelheim markieren männliche Initiationsriten zum einen die Aufnahme des Knaben in die Gesellschaft der Männer, häufig vollzogen durch Beschneidung oder ähnliche mit Blut und Wunden verbundene Eingriffe am Körper des Knaben; zum anderen – und das ist für Bettelheim noch bedeutsamer – symbolisieren diese blutigen Aufnahmerituale der Knaben eine Aneignung des weiblichen Wissens vom Geheimnis der Fruchtbarkeit und Menschwerdung, das mit Menstruation und Geburt zusammenhängt. So interpretiert er die Subinzision, die Anbringung eines kurzen Schlitzes in der Harnröhre auf der Unterseite des Penis, eine von australischen Aborigines mit Steinklingen oder Stacheln vorgenommene blutige Praktik, als den Versuch, die Frauen beim Wasserlassen imitieren zu können. Das dabei strömende Blut symbolisiere die Monatsblutung der Frauen. Solche vor Frauen und Kindern geheimgehaltenen Initiationsriten haben nach BETTELHEIM als zentrales Motiv, den Mann an einem wichtigen «Geschäft», wie es das der Frauen ist, teilhaben zu lassen.

Ein Mythos der australischen Kunapipi-Leute erzählt, wie die Männer ursprünglich nichts hatten: kein heiliges Objekt, keine heiligen Zeremonien. Die Frauen hatten alles. So stahlen eines Tages die Männer die heiligen Dinge der Frauen und brachten sie in ihr eigenes Lager. BETTELHEIM läßt einen heutigen Informanten zu Wort kommen: «Aber wir haben in Wirklichkeit gestohlen, was den Frauen gehörte, denn es ist meistens ihr Geschäft; und da es sie angeht, gehört es ihnen. Männer haben wirklich nichts damit zu tun, außer zu kopulieren. Es gehört den Frauen; ... das Baby, das Blut, das Schreien ... all das betrifft die Frauen; doch jedesmal müssen wir sie überlisten. Frauen können nicht sehen, was Männer tun, obwohl es wirklich ihr eigenes Geschäft ist, aber wir können ihre Seite sehen ... am Anfang hatten wir nichts, weil die Männer nichts getan hatten; wir haben diese Dinge den Frauen weggenommen.»

Ein weiteres Beispiel aus der Studie von BETTELHEIM zitiere ich, weil ich es besonders interessant finde, auch im Zusammenhang mit psychoanalytischen Vorstellungen über die Bedeutung der Analität für unbewußte Schwangerschaftsphantasien. «Bei den Dschagga, einem Stamm [in Afrika], wo die Bedeutung, die dem Menstruationsblut beigemessen wird, sehr groß ist, nehmen die Männer für sich in Anspruch, den Frauen überlegen zu sein, indem sie die Bewältigung einer Körperfunktion erlangt haben, welche von den Frauen nicht beherrscht wird. Sie behaupten, daß bei der Initiation der Anus für immer verstopft werde. ... ‹verstopft› zu sein ist identisch mit der Erlangung der Rechte eines erwachsenen

Mannes ... Ein solcher Pubertätsritus scheint wie viele andere ein symbolisches Gegenstück zur Menstruation zu sein ... Die Parallele zwischen Menstruation und dem Einsetzen des Pflocks wird weiterhin durch die Art und Weise angedeutet, wie Männer gelehrt werden, ihre Fäzes, und die Mädchen ihr Menstruationsblut zu verstecken ... Doch das angebliche Verstopfen des Mastdarms ... hängt nicht nur mit der Menstruation, sondern auch mit der Schwangerschaft zusammen. So imitiert das Einsetzen des Pflocks auch das Aufhören der Menstruation – das heißt, das erste Anzeichen für die Schwangerschaft. Die Dschagga-Frauen, denen die Vorgänge bewußt sind, betrachten das Verhalten der Männer mit belustigter Toleranz. In ihren eigenen Initiationsriten wird den Mädchen gesagt, daß die Männer defäzieren, es jedoch vor den Frauen geheimhalten; und die Mädchen werden ermahnt, nicht zu lachen. Die Frauen wissen, daß das Geheimnis eigentlich das ihre ist; wenn eine Frau schwanger wird, sagen sie, ihre Blutquelle sei verstopft, und dies sei der ursprüngliche Pflock.»

Als letztes Beispiel sei die auch im alten Europa praktizierte Couvade genannt, das «Männerkindbett»: der Mann imitiert die Geburtswehen einer real entbindenden Frau und hütet das Bett, um von der Gebärenden und dem Neugeborenen böse Geister wegzulocken.

Diese Beispiele zeigen, welch tiefen Eindruck die Gebärfähigkeit der Frau auf die Männer macht und welche Mühen und Schmerzen sie auf sich nehmen, um mit ihr gleichzuziehen oder sich wenigstens nicht ganz unterlegen zu fühlen.

Je mehr im Laufe der kulturellen Evolution der Anteil des Mannes an der Zeugung eines Kindes erkannt wurde, desto härter, starrer wurde der überlegene Rang des Phallus durchgesetzt und im Sinne einer Gegenreaktion auf weibliche Macht einseitig ins Extrem getrieben, wie dies in allen «phallischen» Religionen, etwa der mosaischen, zu sehen ist.

Obwohl es so scheinen mag, hat doch die Idolisierung des Phallus nicht zu einer wirklichen Entwertung der Gebärfähigkeit der Frau geführt. Indem die Frau im Patriarchat zur Beute gemacht wurde, wurde ihre Gebärfähigkeit erbeutet. Deren Aneignung bestand nun nicht mehr in blutigen Ritualen, die weibliche Körperfunktionen imitierten, sondern in dem Auftrag an die Frau, ihre prokreativen Funktionen in den Dienst des Patriarchats zu stellen. Es ist in diesem Zusammenhang interessant, daß in mutterrechtlichen Ethnien die Zahl der Kinder geringer ist als in männlich dominierten, weil Frauen hier noch völlig autonom verschiedene Arten der Empfängnisverhütung praktizieren.

Die vom Patriarchat erzwungene Reduktion der Frau zur Mutter zeigt zweierlei: Die Frau wurde als Mutter immer abhängiger vom Mann, dadurch verlor sie mehr und mehr an sozialem Einfluß, an Wert und Selbstwert. Und: Fortpflanzung wurde das ausschließliche Ziel ihrer Sexualität, jenseits dieses Zusammenhangs war sie als sexuelles Wesen nicht existent. VOLKER ELIS PILGRIM berichtet, es sei nachgewiesen, daß frigide Frauen empfängnisfreudiger seien als orgasmusfähige. Verstehe ich Frigidität als Verzicht auf das Engagement für die eigenen sexuellen Wünsche, dann würde dieses erstaunliche statistische Datum sehr gut ins globale Bild von der Frau im Partriarchat passen.

Diese Indienstnahme der weiblichen Gebärfähigkeit glich der Nutzung fruchtbarer Ackerbaugebiete oder fündiger Erzgruben, aus der reicher Kindersegen abgeschöpft wurde. Offensichtlich jedoch nicht perfekt genug. Nicht alle Frauen waren willfährig, man denke an die Hexen oder an die Hysterikerinnen, denen CHRISTINA VON BRAUN ein Denkmal gesetzt hat für ihre Verdienste im Widerstand gegen die instrumentelle Vernunft.

Und auch der Gebärneid war nicht verflogen bei der Errichtung des Patriarchats. Denn noch immer war es so, daß die Frauen die Kinder austrugen, selbst wenn diese den Namen des Vaters erhielten und zu dessen Besitz gerechnet wurden. Es blieben die Frauen, die die Kinder wachsen spürten in ihren Körpern, es blieben die Frauen, die die Kinder mit mehr oder weniger Schmerzen aus ihren Körpern entließen, es blieben die Frauen, aus deren Brüsten die Milch floß.

Auch im Patriarchat trugen die Männer noch immer eine Sehnsucht mit sich herum: endlich einmal auch ihr eigenes Körperinnere so weit zu öffnen, daß etwas tief eindringen könnte in sie, sich festsetzen und wachsen könnte. Und sie würden in sich hineinlauschen, mit allen Fasern ihres Körpers beteiligt an der Entfaltung eines werdenden Lebens. Not macht erfinderisch, sagt man. Neid vielleicht erst recht. Es hat in unserer Kultur einige Jahrhunderte gebraucht, bis männliche Geburtshelfer die Hebammen fast völlig verdrängt hatten, und, statt sich auf die Weisheit des Frauenkörpers zu verlassen, mit Hilfe aufwendiger Instrumente und Apparate, programmierter, künstlicher Einleitung der Geburt und Betäubung der Gebärenden Kinder zur Welt brachten. Das Gebären war damit den Frauen schon so gut wie abgenommen, enteignet.

Der nächste Schritt war die Einmischung in Empfängnis. Retortenbabies gibt es inzwischen zu Dutzenden. Auch dieser Teil des «Geschäfts» ging in Männerhände über. Schwieriger scheint es, dem Austragen eines Kindes beizukommen. Aber auch dies dürfte nur eine Frage der Zeit sein.

Inzwischen soll schon jeder dritte Franzose bereit sein, einen Embryo auszutragen. Was immer ein solches Ergebnis einer Umfrage wert sein mag, so zeigt es doch einen starken Wunsch des französischen Mannes, das Erlebnis Schwangerschaft nicht auszulassen.

Hofft nicht die Gentechnologie, mit den richtigen Methoden bald soweit zu sein, Kinder in gläsernen Maschinen auszubrüten? Wozu noch Frauenkörper? Ist dieser gebärfähige Körper erst einmal ausgeschaltet, dann kommt endlich der Neid zur Ruhe. Dann wird sich die maßlos gewordene instrumentelle Vernunft in glänzenden Apparaten, hochentwickelten, ultrasensiblen, elektronisch gesteuerten, tragbaren Gebärmüttern spiegeln.

Immer wieder scheint das Motiv des Gebärneids durch. So hat ERNEST BORNEMAN in einem Buch, das er als Grundlagenwerk der Frauenbewegung verstanden wissen wollte, seine Zukunftsperspektive für eine friedlichere Koexistenz der Geschlechter entwickelt, die vor allem darin besteht, den Frauen die Belastungen der Mutterschaft mit technischen Hilfsmitteln abzunehmen, Stichwort: künstliche Gebärmutter. Erst das würde die Frauen aus dem biologischen Joch befreien. Seinem Buch gab BORNEMAN den Titel «Das Patriarchat», in der Absicht, mit seinem Werk für die Frauenbewegung dasselbe zu leisten, was «Das Kapital» von KARL MARX für die Arbeiterbewegung geleistet hat. Die Titelwahl des Autors erscheint mir als präziser Ausdruck seiner Zukunftsvision von denaturierten weiblichen Körpern, als unbewußter Ausdruck des Gebärneides in der uralten Tradition patriarchaler Frauenfeindlichkeit.

Aber nicht nur die Männer sind dem patriarchalen Neid auf den weiblichen Körper zum Opfer gefallen. SHULAMITH FIRESTONE, eine bedeutende Theoretikerin der amerikanischen Frauenbewegung, gelangt zu ganz ähnlichen Vorschlägen: radikale «Befreiung» der Frau von der Gebärpflicht durch Technologie, durch künstliche Aufzucht des Embryos in der Gebärmaschine.

Die weibliche Fortpflanzungsfunktion auszubeuten, zu stören, zu zerstören ist eine Möglichkeit zu reagieren. Eine andere ist, wie wir gesehen haben, die Imitation. So berichtet MARIANNE KRÜLL, FREUD habe für viele Jahre die «Periodenlehre» seines Freundes WILHELM FLIESS übernommen. FLIESS entwickelte, ausgehend vom Menstruationszyklus der Frau, ein labyrinthisches Kalkül, daß auch der Mann über einen Zyklus verfüge, der allerdings nur 23 Tage umfasse. Mit Hilfe dieser Perioden versuchte er in geradezu kabbalistischer Weise, wesentliche Ereignisse im Leben eines Mannes wie Krankheit und Tod zu berechnen. Ist hier die unbewußte Vorstellung vom magischen Blutvergießen der Frau mit der Aura der Schicksalsgöttin eingeflossen? Hat FREUD deshalb FLIESS' Periodensystem geglaubt und mehrmals seinen genau vorausberechneten Tod erwartet? Und zwar ernsthaft?

«Wenn Männer ihre Tage haben» hieß das Motto der Bremer Männerkonferenz. Ich nehme an, daß es sich bei diesen Männern nicht um feindselige Usurpatoren weiblicher Geheimnisse handelte, sondern daß dieses Motto für eine Annäherung, für eine freundlich erstrebte Imitation, für den Wunsch nach Verweiblichung mit dem Ziel der Vermenschlichung steht. Wo Mann war, soll Frau werden – könnte das die ersehnte Lösung der Schwierigkeiten zwischen den Geschlechtern bringen?

Das Geheimnis der Frau

Gibt es ein Geheimnis der Frauen? Nein, nicht ein Geheimnis, es gibt sie in wuchernder Zahl! Die schöne Literatur aller Völker und Zeiten ist voll davon, die Künste versuchen den Schleier zu lüften. Kirche, Bühne, Hörsaal hallen wider von den Fragen und Antworten der Rätsellöser. Philosophie, Psychologie, Soziologie, Ethnologie, Ethologie und nicht zuletzt die Filmindustrie leben zu einem guten Teil vom «Geheimnis Frau». *«The Feminine Mystique»* lautet der Titel von BETTY FRIEDANS epochemachendem Buch *«Der Weiblichkeitswahn»*.

Und wenn es ein Geheimnis hinter den Rätseln gibt, sollte man es enthüllen, bloßlegen, ausplaudern? Ein Geheimnis zu verraten fällt leichter, wenn es das Geheimnis anderer ist. Aber wird nicht heute alles Geheimnisvolle sofort zerredet, zerrieben, zerschrieben? Tue ich dies auch?

Das ursprüngliche Geheimnis der Frau umfaßt Schwangerschaft und Niederkunft und alles damit verbundene Wissen. In vielen Kulturen, den meisten, wird der Geburtsakt vor den Männern streng geheimgehalten. Nur die Anwesenheit von Frauen ist gestattet. Für Männer sind Vorgang wie Ort des Geschehens tabu.

Frauen weihten in die Geheimnisse der Sexualität

163

ein, der weiblichen wie auch der männlichen. Nicht immer waren sie furchterregende Hexen, sie konnten auch die Schönheit der Königin von Saba ausstrahlen. Im «Midrasch Mischle», einer jüdischen Predigtsammlung aus dem zehnten oder elften Jahrhundert, sind vier Rätsel überliefert, die die sabäische Königin in einem Rätselwettstreit dem König Salomo stellt. Das erste lautet: «‹Was ist das? Sieben gehen heraus und neun gehen hinein, zwei bereiten den Trank und einer trinkt?› Salomo sprach: ‹Wahrlich, sieben sind die Tage der Absonderung, neun sind die Monate der Schwangerschaft, zwei Brüste mischen und einer trinkt.›» (BEYER)

Das zweite Rätsel fragt nach Lots Töchtern, die, da sie nach der Vernichtung von Sodom und Gomorrha keinen Mann fanden, ihren Vater betrunken machten und sich von ihm schwängern ließen und mit dieser «archaischen Praxis» weiblicher Sexualität zu den wegen ihrer List bewunderten «Gründungsmüttern» Israels wurden.

Das dritte ist ein Geschlechtsunterscheidungsrätsel, dessen Beantwortung ein differenziertes Wissen von männlichen und weiblichen Körperbewegungen verlangt und das darüber hinaus auf die altorientalische Sitte des Kleidertausches verweist, die besonders im kultischen Transvestismus ihren Ausdruck fand. Mit diesem Rätsel gibt die Königin von Saba zu erkennen, daß sie um den Wunsch der Männer weiß, ihre männliche Geschlechtsrolle abzugeben und zumindest symbolisch Frauen werden zu wollen; und damit weist sie auf die Bedeutsamkeit einer vorübergehenden Durchlässigkeit der Geschlechtsgrenzen bis zur Geschlechtervertauschung hin.

Das vierte Rätsel verlangt von Salomo, Beschnittene von Unbeschnittenen zu unterscheiden. Aber nicht nur dieses vierte ist ein Initiationsrätsel. Bereits im ersten wird auf tiefgründige Weise der Zusammenhang von Beschneidung und Menstruation angesprochen, den BETTELHEIM als das Geheimnis des Mannes verdeutlicht hat. ROLF BEYER hebt hervor, daß alle Auslegungen des ersten Rätsels der Königin von Saba und auch Salomos Antwort selbst als Lösung Menstruation, Schwangerschaft und Stillen anbieten. BEYER aber geht in seiner Interpretation noch weiter: «Der von Bettelheim aufgedeckte Zusammenhang von Beschneidung und weiblicher Sexualität kommt nun auch in den Rätseln der Königin von Saba zum Vorschein . . . ‹Die sieben Tage der Absonderung› werden von Salomo in Verbindung gebracht mit dem Gebot, daß menstruierende Frauen sieben Tage den Männern fernbleiben sollen. Hatte Salomo tatsächlich den Sinn der ‹sieben vorbeigehenden Tage› richtig erraten? Es scheint noch eine andere Lösung zu geben, die möglicherweise Salomos Weisheit noch überbietet. Sieben Tage mußten nämlich auch ‹vorbeigehen›, bevor die Beschneidung an den Säuglingen vollzogen werden konnte. Wir vermuten deshalb, daß die Königin von Saba auf vielleicht hintergründige Weise in der Rätselfrage gleichzeitig die Menstruation und Beschneidung gemeint haben könnte.»

BETTELHEIM führt den Ursprung der Beschneidung auf Frauen zurück. Was ist stärker: der Wunsch der Männer, zu Frauen zu werden, oder der Wunsch der Frauen, die Männer zu verweiblichen? Die Angst des Mannes vor der «kastrierenden» Frau wird nachvollziehbar, wenn man hört, daß es eine Erinnerung an Zeiten gibt, als die Vorhaut der Beschnittenen den Frauen zum Geschenk gemacht wurde und sie sich diese manchmal als kultische Speise einverleibten, so wie sie das bei der Beschneidung geflossene Blut auffingen, um es als Medizin anzuwenden.

Unser Ekel und Grauen vor solchen archaischen Praktiken überlagern und verdecken die Hoffnung auf die fruchtbringende, lebensspendende Wirkung der Beschneidung, von der diese Kulturen erfüllt waren.

Geblieben ist die Frau mit ihrem Geheimnis, gekoppelt an magisches Blutvergießen, das unheimlicherweise nicht zum Sterben, sondern zum Leben führt, aber noch heute tödliche Ängste einflößen kann.

Die Hoffnung, an der schöpferischen Kraft des Blutes teilhaben zu können, findet sich noch heute im indischen Tantrismus, wo vom Beischlaf mit einer menstruierenden Frau die Erweckung einer besonders mächtigen Form der «Schlangenkraft» oder Lebensenergie verheißen wird, die der «roten Kundalini».

Doch es gibt noch einen weiteren Gewährsmann für das Geheimnis der Frauen: den griechischen Seher Tiresias. Die Götter hatten ihm gestattet, sowohl in Männer- als auch in Frauengestalt auf Erden zu wandeln. Doch erregte er den Zorn der Göttin Hera, die ihn mit Blindheit schlug, weil er das Geheimnis der Frauen verraten hatte. Er hatte kopulierende Schlangen beobachtet und dabei entdeckt, daß die weibliche Schlange neunmal soviel Lust empfand wie die männliche. Die Göttin hatte gewünscht, diese große Lust verborgen zu halten. War es die Schlange, die Tiresias das Geheimnis verriet? Hatte er Hera selbst in ihrer Lust überrascht? Oder hatte er gar selbst – in Frauengestalt – diese Wollust erlebt? Geblendet von seinem Wissen kehrte er seine Blicke nach innen. Hat ihn diese Innenschau zum Seher gemacht?

Hera wußte, diskret ihre Lust zu verbergen, vielleicht, um die Sterblichen, mit denen sie sich gelegentlich einließ, nicht allzusehr zu verschrecken. Ein Mann wie FREUD hat davon geahnt und seine Vorkehrungen dagegen getroffen: «. . . im Vertrauen gesagt – Du schreibst so treffend und so klug, daß mir ein klein wenig vor Dir graut. Ich denke, da haben wir's wieder, wie rasch die Frau den Mann überholt. Nun, ich verliere nichts dabei», schreibt er 1883 an seine Braut Martha.

Das zweite Geheimnis der Frauen war offiziell in Vergessenheit geraten. KRAFFT-EBING dekretiert um die Jahrhundertwende: «Ist es [das Weib] geistig normal entwickelt und wohlerzogen, so ist sein sinnliches Verlangen ein geringes.» Nur die Hysterikerinnen repräsentierten es noch in ihren Symptomen, die symbolisch stets auch die Koitus-Darstellungen einer geschlechtlich *aktiven* Frau waren.

MARY JANE SHERFEY entdeckte das Geheimnis der Frauen wieder neu: Die Frau – «unersättlich noch in ihrer Sattheit»! Das hatten allerdings auch schon die Inquisitoren gewußt, denen die vielen armen Frauen unter der Folter gestanden, sie hätten Verkehr mit dem Teufel gehabt, der wie tausend Männer auf einmal war. Für so viel glühende Leidenschaft mußten sie brennen. Die moderne Amerikanerin SHERFEY wurde nicht mit Blindheit geschlagen, mußte nicht den Scheiterhaufen besteigen und wurde nicht in die Salpêtrière eingewiesen. Sie kam mit ihrer Entdeckung gerade recht. Denn was war diese anderes als eine «Metapher für Konsum, für Konsummöglichkeit ohne Ende»? (SCHMIDT)

Der gepanzerte Mann

«‹Die Karikatur, die Männer aus ihrer eigenen Sexualität gemacht haben› . . . ‹brauchen Frauen nicht für
die Grenze der Möglichkeit ihres Triebs zu halten› –
die Männer freilich ebensowenig für die Grenze der
Möglichkeit ihrer Triebwünsche. Sie sollten vielmehr
in der nachgeholten, sexuellen Individuierung der
Frauen, die sie den Männern erfahrungsebenbürtig
macht, die historische Chance erkennen, das Joch der
sexuellen Selbsteinschränkung abzuwerfen. Das
klingt zwar simpel, ist aber, wie wir wissen, alles
andere als simpel. Denn seit der Sexus aus den Zwän-
gen der klassischen patriarchalisch geprägten Sexual-
kultur ausgebrochen ist und sich auf neue Wege gemacht hat, gibt es keine einfachen sexuellen Muster
und Lösungen mehr. Wo sich gleichstarke Geschlechter gegenüberstehen, werden die Verhältnisse nicht
unkomplizierter und friedlicher, sondern komplexer
und kriegerischer. Beide Seiten können sich nicht
mehr auf bequeme, wohldefinierte Positionen zurückziehen – die Männer nicht auf die Inkubus-Posi-
tion, die Frauen nicht auf die Sukkubus-Position. Von
nun an wird zwischen gleich und gleich gekämpft.»
(LOHMANN) Aus diesen Sätzen spricht die Hoffnung
auf Erneuerung und Bereicherung im Verhältnis der
Geschlechter. Kampf und Lust zweier gleich starker

Partner klingen an, neue Horizonte werden ins Auge gefaßt.

Die Realität der sexologischen Poliklinik ist dagegen anders: wo früher sexuelle Funktionsstörungen das Hauptproblem der Paare waren, machen sich heute diffuse sexuelle Lustlosigkeit und Langeweile breit. Haben wir im Verhältnis der Geschlechter Bedingungen erreicht, unter denen die einen alle Lust verlieren, während sie bei den anderen steigt?

In vorangegangenen Abschnitten habe ich immer wieder von der Körperpanzerung des Mannes gesprochen, die er sich zulegen mußte in der Auseinandersetzung mit Mutter, Frau und Welt. Oft leidet er unter seiner Panzerung, die er jedoch nicht einfach lockern kann. Äußere Erwartungen und innere Zwänge haben ihn in eine Rüstung gepreßt, die sich immer wieder von allein in Bewegung setzt, um den Ritter zum Ort der nächsten Bewährung zu bringen.

«Ich habe da diesen inneren Auftrag, auf dem Posten zu sein. Und wenn ich nicht auf dem Posten bin, passiert was. Und zwar was ganz Schlimmes. Keine Liebe, das ist es, was dahinter steckt. Ich fühle mich dann völlig hoffnungslos. Ob ich das überhaupt erreichen kann, immer der Beschützer, der Alleskönner, der Supermann zu sein? Ich würde ja gern davon loskommen. Aber wenn das die Bedingung ist, um überhaupt geliebt zu werden, dann traut man sich doch gar nicht, es einmal anders zu machen. Außerdem funktioniert es ja bei mir noch ziemlich perfekt. Vom Gefühl her muß ich noch immer der Beschützer sein. Einer, der jedes Problem, das ihm zugetragen wird, auf sich nimmt und versucht, es zu lösen. Der sich nicht wehrt dagegen, auch wenn klar wird, daß er an dem Problem nichts ändern kann. Ich nenne das die Beschützerrolle. Dabei ist es eigentlich eher Schutzlosigkeit. Die Schutzlosigkeit, mich gegen die Beschützerrolle zu wehren. Das ist eine klassische Falle, und die funktioniert bei mir jedesmal von neuem. Vielleicht ist mein persönliches Hauptproblem wirklich diese Abwehrschwäche.»

Dieser Panzer zwingt jeden, der ihn trägt, in den Habitus des Supermannes. Des Comic-Supermans abgespaltenes Ich ist der eher ängstliche, verklemmte Clark Kent, den keiner ernst nimmt als Mann. Superman ist der gefeierte Held. Clark Kent ist eher ein Softie. Wir ahnen bei ihm Unsicherheit und Ängstlichkeit im Umgang mit Frauen, von denen er sich viel zu sehr beeindrucken läßt. Wir wären nicht überrascht zu hören, eine gewisse Potenzproblematik hindere ihn, mit seiner Freundin erotische Höhenflüge zu unternehmen, die bei Superman jeder Muskel verspricht.

«Früher habe ich gedacht, wenn ich mit einer Frau im Bett war, daß ich sie immer gleich mit einer vollen Erektion bedienen müßte. Ich müßte allzeit bereit sein, sonst wär was verkehrt mit mir. Immer so die berittene Kavallerie mit gezogenem Säbel. Inzwischen haben sich meine Vorstellungen darüber gelockert. Da hat sich viel bei mir verändert. Und dieses Lockerwerden, das geht ja bis in die Muskeln hinein, so daß man nicht mehr im Bett liegt und meint: Jetzt müßte ich eine Erektion haben! Jetzt müßte ich vögeln! Jetzt müßte ich der Frau Lust machen! Langweilt sie sich? Ist sie trocken? Mache ich das richtig? Macht sie das richtig? Hoffentlich macht sie das und das! Oder das hoffentlich nicht! Also diese inneren Stimmen, die kenne ich natürlich auch, und das ist furchtbar. Vor allem der eine. Zweifel hat so unsicher gemacht: Bin ich ein Schlappschwanz oder nicht.»

Die heimliche oder offene Verachtung des Softie teilen auch manche Psychoanalytiker und Psychoanalytikerinnen. Sie sind schnell bei der Hand mit ihren Deutungen: Sind das nicht Männer, die größte Probleme mit ihrer propulsiven, phallischen Seite haben, die, vermutlich aus einer ungelösten Mutterproblematik heraus, phallisches Zugehen nur als Destruktion der Frau erleben können und es daher vermeiden müssen oder die aus einer latenten, passiv-femininen Einstellung zum Vater heraus ihre männliche Rolle nicht annehmen wollen? So oder ähnlich könnten die Deutungen klingen. Unverkennbar ist darin die Tendenz zu pathologisieren. Als sei jede Abweichung von der Norm immer pathologisch.

Ich will den sogenannten Softie einmal unter seinem progressiven Aspekt betrachten und davon ausgehen, daß die Psychoanalyse von ihm einiges für ihr Männerbild dazulernen kann.

Vor einigen Jahren ist eine dänische Aufsatzsammlung erschienen, die unter dem Titel «Hingabe» Psychologie und Sexologie verbindet. Einige der Beiträge zu diesem Buch halte ich für das Beste, was ich je über Männlichkeit gelesen habe.

Aus meiner Arbeit als Psychotherapeutin wußte ich von einigen Männern, daß sie beim Verkehr gelegentlich ein orgastisches Erleben vermissen. Erst bei der Lektüre von «Hingabe» wurde mir klar, wie verbreitet diese Schwierigkeit ist. Die Tatsache, daß männliche Orgasmen oft sehr viel begrenzter und lokalisierter sind, daß das Problem des Mannes der oberflächliche Orgasmus ist, der begrenzt ist auf die direkte Umgebung des Penis und sich selten in den Körper hinein fortpflanzt, all diese Phänomene werden von PREBEN HERTOFT in Verbindung gebracht mit der Angst der Männer vor Hingabe, Intimität und Nähe.

Die dänischen Autoren arbeiten mit einem Konzept, das auf WILHELM REICHS Theorien über Charakterpanzerung und auf deren körperlichem Substrat, den Muskelverspannungen, basiert. Der Orgasmus werde provoziert mit starker Körperanspannung, gewaltsam, scharf und begrenzt. Die starke Muskelanspannung verhindert das Weiterfluten des Orgasmus durch den ganzen Körper. Der Orgasmus bleibt umschrieben und wird dadurch eine oberflächliche Angelegenheit, ausschließlich begrenzt auf den Penis.

JUDITH KESTENBERG hat mit der «inneren Genitalität» auch die Tiefendimension des männlichen sexuellen Erlebens angesprochen. Davon war schon die Rede. Auffällig ist dabei, daß KESTENBERG sich kein einziges Mal auf WILHELM REICH bezieht. Zufall oder Absicht? Die Kluft zwischen der Psychoanalyse und dem späten Reich war unüberbrückbar geworden.

«Das mit dem strömenden, den ganzen Körper erfassenden Orgasmus, also da muß ich sagen, das ist eine Sichtweise, die mir ein bißchen fremd ist. Das ist überhaupt nicht mein Blickpunkt, wie sich die reduzierte oder restriktive männliche Sexualität auflösen läßt zu einer sehr viel breiteren, auch glücklicheren, befriedigenderen Sexualität, auch orgastisch fließenden Sexualität. Grundsätzlich gehe ich eigentlich bei meiner Sexualität davon aus, daß ich in Verhältnissen lebe, in denen es immer eine wahnsinnige Anstrengung ist, eine einigermaßen geglückte Sexualität zu erleben. Ich empfinde es eigentlich ständig als einen Kampf, den ich da kämpfe, um mal für einen Moment etwas Besonderes herzustellen, und manchmal gelingt mir das. Das ist dann ein großer Erfolg, über den freue ich mich. Die Anspannung, die Anstrengung, die sich aus dieser Schwierigkeit der Erfüllung ergibt, hat für mich ihren eigenen Reiz. Ich erkenne plötzlich, daß meine Sehnsüchte, Phantasien, Wünsche auf Steine stoßen, die zu hart sind, um in Schwingung zu geraten. Diese Steine gibt es auch in meinem Körper. Ich erkenne meine reduzierten Möglichkeiten, mich sexuell zu verhalten. Und damit habe ich vor mir selbst mein ganzes experimentelles Verhalten in der Sexualität legitimiert. Das kann in den Bereich des Rausches gehen, der Drogen. Das kann in den Bereich der absoluten Tabuverletzung gehen, wo man Sexualität nur über das Verbotene, durch Grenzüberschreitung erfährt. Es besteht auch die Möglichkeit des Mönchtums als eine Reaktion auf diese Versteinerung. Aber was ich nicht habe oder was bei mir nicht so im Mittelpunkt steht, das ist die Frage: Wie kann ich mich dazu bringen, daß ich orgastischer werde. Das ist überhaupt nicht mein Interesse. Da will ich gar nicht so in den Tiefen schürfen.»

WILHELM REICH hatte schon vor Jahrzehnten bei der Beschreibung dessen, was für ihn «orgastische Potenz» war, die Tiefendimension des Erlebens, auch beim Mann, angesprochen. Für REICH ist orgastische Potenz die Fähigkeit zur vollständigen Hingabe an das Strömen der biologischen Energie, an die unwillkürlichen Konvulsionen des gesamten Organismus.

REICH trennte Orgasmus von Ejakulation, die Identität beider Reaktionen läßt sich nicht aufrechterhalten. Diese Differenzierung macht alle sexologischen Untersuchungen problematisch, die aus Gründen der Operationalisierung jeden plötzlichen Spannungsabfall, beim Mann also die Ejakulation, Orgasmus nennen.

Eine weitere zentrale Annahme REICHS war die von der funktionellen Identität muskulärer Panzerung mit der psychischen Charakterpanzerung, wobei er Charakter versteht als Abwehrformation zwischen Sexualtrieb und Umwelt. Nach Ansicht von OLAV STORM JENSEN muß «jede Aussage über psychologische Körpertheorie und Orgasmus . . . natürlich von den Arbeiten Wilhelm Reichs ausgehen.» Die Konzepte REICHS sind also für die Überlegungen JENSENS grundlegend.

JENSEN, das ist wesentlich, sieht Körper und Seele als zwei Aspekte einer Einheit, die ungespalten zusammenwirken. Den menschlichen Körper dagegen gliedert er in den «kognitiv-voluntaristischen» Körper einerseits und den «emotional-vegetativen» Körper andererseits. Der «kognitiv-voluntaristische», also der auf Erkennen und Wollen gegründete Körper wird gesteuert von der Großhirnrinde, besonders in der linken Hemisphäre, und gehorcht der quergestreiften willkürlichen Muskulatur. Der «emotional-vegetative», also der auf Gefühle und unbewußt ablaufende physiologische Prozesse gegründete Körper hat seine Steuerung im autonomen, vegetativen, unwillkürlichen Nervensystem und den tieferen, unter der Hirnrinde liegenden Gehirnteilen und wird beherrscht von der glatten, unwillkürlichen Muskulatur. In diesem «emotional-vegetativen» Körper spielen sich auch unsere Sexualfunktionen ab. JENSEN nennt diese beiden Körper auch den Kulturkörper und den Ur-Körper.

«Es ist ohne Zweifel so», sagt JENSEN, «daß in der westlichen technologischen Kulturgesellschaft auf den kognitiv-voluntaristischen Körper Wert gelegt wird – im Kapitalismus (und dessen arbeitsökonomischen Gegenstücken in sozialistischen Systemen) sogar buchstäblich . . . die gewünschte Ware ist der kognitiv-voluntaristische Körper . . . Der emotional-vegetative Körper ist ein unerwünschtes Nebenprodukt, das mitgenommen wird, weil man ja den ganzen Körper kaufen muß. Das ist eine Qualitätsminderung der gewünschten Ware. Sie führt nur zu Störungen, Schwierigkeiten und einer Verringerung der Effektivität der Maschine.» Und bezogen auf den Mann zieht JENSEN folgende Konsequenz: «So wie ich den Unterschied der zwei Körper- und Existenzseiten skizziert habe, ist klar zu erkennen, daß es am schlimmsten um die Männer stehen muß. Es braucht kaum noch eine weitere Argumentation für den Hinweis, daß die Männerrollen in noch höherem Maße als die Frauenrollen auf der kognitiv-voluntaristischen Einseitigkeit basieren.»

FREUD kannte diese Problematik und beklagte sie in einem Brief an seine Braut aus dem Jahre 1883: «O Marthi, es ist so viel schöner ein Mensch zu sein als ein Magazin von gewissen gleichförmigen Erfahrungen. Aber man darf nicht Mensch sein eine Stunde, wenn man nicht elf Stunden lang Maschine oder Magazin war.»

Da Sexualität mit dem kognitiv-voluntaristischen Körper allein nicht realisiert werden kann, wird sie um so reduzierter sein, je unterdrückter das Emotional-Vegetative ist. In dieser Unterdrückung des emotional-vegetativen Körpers und in der Unfähigkeit und Angst, was dasselbe ist, sich diesem voll hinzugeben, sieht JENSEN die Schwierigkeit vieler Männer, einen nicht ausschließlich auf den Penis begrenzten, sondern den ganzen Körper durchflutenden Orgasmus zu erleben.

Viele Männer müssen also auf Grund ihrer Sozialisation und wegen ihrer Ängste vor Frauen generell an ihrer schützenden Panzerung festhalten. Andererseits sind es oft auch die emotionalen Bedingungen, unter denen es zur Begegnung mit einer Frau kommt, die darüber entscheiden, ob der Orgasmus oberflächlich und räumlich begrenzt bleibt oder ob er den ganzen Ur-Körper ergreift und mit strömender Energie erfüllt.

«Aber wenn ich mit einer Frau zusammen bin, die ich nicht so gut kenne, da geht es dann doch meist um dieses Schnell-Scharf-Orgasmus-Dings, um diesen kurzen Bogen. Da kommt es sehr darauf an, wo mich diese Frau berührt und wie sie mich berührt. Wenn es sehr schnell unter den Gürtel geht und da zentriert um meinen Schwanz, dann ist es so, daß ich an einem bestimmten Punkt so etwas wie ein Frösteln empfinde, und dann kommt das Gefühl: Jetzt muß das Programm ablaufen! Das Ziel steht fest, und alles konzentriert sich zwangsläufig nur darauf. Aus allen anderen Körperregionen zieht sich das Empfinden zurück, dann geht es nur zugespitzt auf dieses eine Ziel zu, fast verkrampft. Ich habe an mir entdeckt, daß es eine herrliche Chance wäre, wenn Hingabe für Männer zugänglicher sein könnte. Ich habe an mir selbst erfahren, am Umgang mit meinem Körper beim Sport und in der Meditation, daß ich mich weder in meinen alltäglichen Bewegungen noch in meiner Beziehung zu Frauen ständig ins Ziel werfen muß. Manchmal gelingt es mir, mich einer Bewegung zu überlassen, auch in meiner Beziehung zu Frauen, sowohl im Gespräch als auch im sexuellen Umgang mit Frauen. Ich empfinde es dann als Bereicherung, das Ziel nicht genau zu kennen und mich einfach dem Ablauf, dem Austausch zu überlassen. Ich kann aber nicht sagen, daß ich über diese Einstellung immer verfüge. Sie ergibt sich nur, wenn ich eine Frau wirklich liebe und mich von ihr wirklich geliebt fühle, so daß ich mich fallenlassen kann und nicht mehr kalkulieren muß: Bring ich das jetzt, oder bringe ich's nicht? Sobald diese Erwartung aufkommt und dieses ängstliche Vergleichen und Berechnen wieder losgeht, heißt es, möglichst schnell zu vögeln, um auch das abzuhaken, zu erledigen, aus der Welt zu schaffen. Mir ist, als stünde ich neben mir und beobachtete den Kraftakt, ob ich auch gut bin. Und dieses ‹gut› umfaßt sehr viel, aber es ist nicht mein eigenes. Damit meine ich nicht, ob ich möglichst viele Orgasmen bei der Frau herbeizaubere und ob ich es auf einer unendlichen Strecke immer wieder bringe. Dieses Sich-selbst-Beobachten verhindert, daß ich vielleicht verweile, nur still genieße oder mich löse vor dem ‹point of no return› und dann doch wieder in Fahrt komme, also all das tue, was mir in den Sinn kommt. Mir wird dann oft angst und bange, wenn ich mich in einem Film sehe, der nicht mein Film ist. Erst wenn du so ganz bei dir sein kannst und alles sich entwickeln lassen kannst, die verschiedensten Rollen zu spielen beginnst und doch nicht neben dir stehst, sondern mitten drin bist, erst dann erlebst du das wirkliche Glück. Und das ist unbeschreiblich. Da sträubt sich was in mir, hierüber Worte zu machen.»

Hingabe, Eintauchen in den Primärprozeß, aus dem ungesteuert unwillkürliche Phantasien aufsteigen, Glücksgefühle und den ganzen Körper ergreifende Orgasmen scheinen zusammenzugehören. Festgelegte Beischlafphantasien dagegen, ausgefeilte Szenarien erregender Konstellationen, verhindern, indem sie Konzentration und damit Energie abziehen, ein völliges Loslassen in der Situation. Das ist, sagt VIN-

TERBERG, das Risiko, «herauszubekommen, wo man keinen Halt finden kann.»

Auch WILLY THRYSØE unterscheidet auf der Grundlage von WILHELM REICHS «Charakteranalyse» mehrere Formen männlicher Orgasmen. Je verkrampfter die Muskulatur, desto schneller wird die orgastische Welle gebrochen. Nun kann nach THRYSØE diese Verkrampfung aber zwei Gründe haben: Erstens verhindert der oben besprochene lebensgeschichtlich erworbene Muskelpanzer die volle Erlebnisfähigkeit. Zweitens, sagt THRYSØE, kann Verkrampfung auch entstehen, weil man zur Steigerung der sexuellen Erregung ein Verhältnis zum Partner aufgebaut hat, bei dem der eine nimmt und der andere genommen wird, was er als «modifiziertes sado-masochistisches Verhältnis» bezeichnet: «Die Erregung ist dadurch charakterisiert, daß der Orgasmus als aggressiver Kampf oder angsterfüllte Flucht vorbereitet ist, weshalb eine kräftige Verkrampfung der quergestreiften Muskulatur mit der Absicht einsetzt, den Kampf oder die Flucht als motorische Aktion einzuleiten. Die unbewußt automatische muskuläre Panzerung wird dadurch gewaltig verstärkt, so daß die orgastischen Kontraktionen nicht viel Chancen haben, den Körper zu durchfluten. Außerdem wird verhindert, daß die rhythmischen Körperbewegungen hin zum Orgasmus einen mehr unfreiwilligen Charakter annehmen. Der Orgasmus wird provoziert: gewaltsam, scharf und begrenzt und bleibt bei Männern in besonderem Grade oberflächlich, eine Angelegenheit ausschließlich für den Penis. Das ... soll nicht die sado-masochistische Beziehung abwerten. Ich betone lediglich, daß es nicht unbedingt ein direktes proportionales Verhältnis zwischen der

Stärke der Erregung und der Qualität des Orgasmus gibt.»

Daneben setzt Thrysøe ohne alle ideologische Überhöhung den «sanften» Beischlaf, bei dem die willkürliche Muskulatur ganz gelockert ist, also nicht als Bremse wirkt, die Spannung von innen, von der glatten Muskulatur ausgehend, ansteigt und der, wenn die Partner das Zusammenspiel halten können, in einen strömenden Tiefenorgasmus einmündet.

«Dieses gemeinsame Erleben von Hingabe, die ein Zustand des losgelassenen Selbstes ist. Ganz direkt auf den Orgasmus loszugehen hätte bedeutet, daß die Sache nur ein paar Minuten gedauert hätte. Darum habe ich mehr und mehr eine Form von Sexualität kultiviert, die sanfter ist und nichts vom Hardfick hat. Mehr ein Konzentrieren darauf, daß die Sexualität eben aus einer Schwingung besteht. Und diese Schwingung aufzugreifen und fühlbar zu machen und wandern zu lassen. Für mich stellt diese Form von Sexualität die reifere Form dar. Aber ich denke doch, daß auch das Aggressive zu einer befriedigenden Form von Sexualität dazugehört. Immer nur sanft und zärtlich und still, das ist langweilig. Und dort, wo das propagiert wird als einzig wahre Erotik, vermute ich Ideologien und Lustfeindlichkeit. Dann gibt es für mich noch eine Form der Sexualität, die ich vielleicht fragmentiert nennen sollte. Ich meine, wenn einzelne Bereiche, der Arsch, die Möse, die Titten mich geil machen, aber es nicht zu einem gemeinsamen Erleben kommt, ich bei mir bleibe. Das ist die Ebene, wo es, technisch ausgedrückt, keine gemeinsame Frequenz gibt, sich zwischen den beiden nichts in einer Ganzheit, in einer Geschlossenheit bewegt. Diese besondere Schwingung habe ich immer mit der Frau herzustellen und zeitlich auszudehnen, zu intensivieren gesucht. Das hat für mich eine ganz andere Qualität. Ein Orgasmus, der diesen inneren Raum nicht erreichen kann, der ist ein verschleuderter.»

Körperströme
und Magie der Blicke

Jetzt nehmen also Männer Vokabeln wie strömen, fluten, Auflösung, Tiefe in den Mund. Was ist geschehen? Sind plötzlich die Männer ins Reservat der Frauen eingefallen und versuchen, ihnen nun auch noch die letzte Eigenart, die letzte Besonderheit zu stehlen, wie es die Kunapipi-Männer mit den heiligen Dingen der Frauen getan hatten? Oder sind wir endlich soweit, elementare Bedingungen des Erlebens beiden Geschlechtern zugänglich zu machen? Die Realität von Körperströmen im affektiven und sexuellen Austausch auf beide Geschlechter auszudehnen, ihre Wahrnehmung bei der Frau und beim Mann zu verfeinern?

Je mehr man sich den Manifestationen erotischen Erlebens nähert, desto mehr gerät man in einen vorsprachlichen, archaischen Bereich, dessen Nachbarschaft zu Phänomenen, die wir psychotisch nennen, unverkennbar ist. Das läßt uns häufig allzu früh einen Riegel vorschieben. Verrückt vor Liebe? Die Welt des Wahns läßt uns schaudern. Durch den affektiven Austausch mit einem anderen die sorgfältig gekennzeichneten Ränder unserer Individualität verwischen zu lassen, das scheint riskant. Hatte uns nicht gerade die Individuation Blut und Tränen gekostet? Und nun das Ganze noch einmal? All die Seligkeit und dann die

Qual der Trennung? Und all die Zweifel, ob man ein zweites Mal überhaupt loskäme und nicht gefangen bliebe, verschluckt in einem pulsierenden Urgrund?

BERND NITZSCHKE hat ein ganzes Buch über Körperströme geschrieben: «Der eigene und der fremde Körper». In diesen im Untertitel so genannten «Bruchstücken einer psychoanalytischen Gefühls- und Beziehungstheorie» betont er, daß die Psychoanalyse nur ein Erbe verwalte, das «auf eine ‹zweite›, hinter- und abgründige Geschichte des abendländischen Geistes [verweist], auf das Spiegelbild der Vernunft – auf die ‹Unvernunft›. Nennen wir sie die Geschichte der ‹imaginären› Körperströme.» NITZSCHKES Buch verdanke ich viele Anregungen und Einsichten. Es ermutigt, die streng tabuisierte Wahrnehmung der «magisch-dämonischen» Eigenschaft unserer Körper zuzulassen und zu erleben, wie die affektive Verschränkung des eigenen mit dem fremden Körper diese «imaginären Körperströme» auszulösen vermag.

Glaubten wir an Geister wie die Primitiven oder wären wir mit der ordentlichen Diagnose «psychotisch» abgestempelt, dann dürften wir voller Ehrfurcht oder Beängstigung von der Kraft der Körperströme erzählen. Aber diese «Realität» ist uns fremd geworden, dieser psychische Zustand, in dem die Kommunikation nicht über die Sprache geschieht, sondern durch die Körper. Ein Zustand, in den uns Liebe und Sexualität versetzen können, es aber häufig nicht tun, weil wir dabei in einen Bezirk geraten würden, der für den Normalen tabu ist. Verschlägt es uns doch einmal in den Bannkreis dieser Kräfte, dann sehen wir zu, daß wir ihn möglichst schnell und unauffällig verlassen. Wir suchen nach Erklärungen: Nun gut, es gibt Ausnahmezustände, das räumen wir ein. Vielleicht ein

«Unsere Phantasien ...

...gestalten unsere Realität», heißt es an anderer Stelle. – Und was gibt es heute für phantastische Möglichkeiten, Träume Wirklichkeit werden zu lassen...

paar Züge zuviel aus dem Joint, vielleicht eine allzu heftige Reaktion auf ein Wiedersehen. Aber grundsätzlich ist das nichts für uns. Sonst müßten wir ja an unserer geistigen Gesundheit zweifeln. Nur rasch wieder vergessen, daß unsere Körper so viel ausdrücken und so sehr beeindruckt werden können!

Das Urbild für die leibliche Kommunikation ist die Wechselbeziehung zwischen Mutter und Kind. Deswegen müssen wir unbedingt auch den intrauterinen Austausch und die perinatalen Erfahrungen in unsere Überlegungen miteinbeziehen. Wenn wir uns klar machen, daß uns Liebe und Sexualität bis in diese Urbezirke unserer Existenz zurückversetzen, all jene Erfahrungen im Unbewußten mobilisieren und uns erneute Ich-Auflösung befürchten, aber auch erhoffen lassen können, dann wird vielleicht einsichtiger, warum so viel Angst und Abwehr diesen Kräften gegenüber aufgebracht wird. Um so mehr Angst und Abwehr natürlich, je bedrohlicher diese Regression, dieser «Abstieg zu den Müttern» erlebt wird. Und der Abstieg wird um so bedrohlicher sein, ohne jede Hoffnung auf Wiederkehr, je lebenswichtiger einmal der steile Aufstieg war. In einer anderen Arbeit («Im Strudel der Regression») habe ich zu zeigen versucht, daß äußerste Progression und Spezialisierung und maligne, irreversible Regressionen oft nur die zwei Seiten derselben Medaille sind.

Vielleicht ist die Kraft der Körperströme für die meisten Menschen erfahrbar oder wenigstens nachvollziehbar in einem Phänomen, das man als Magie des Blicks bezeichnet.

Wissen wir nicht von der Medusa, daß der Anblick ihres Gorgonenhauptes den Betrachter zu Stein erstarren läßt? NITZSCHKE wendet FREUDS patriarchale Lesart, der das Versteinern mit der Versteifung des

Penis – also der Versicherung für den Mann, daß er nicht kastriert sei – gleichsetzte, in eine matriarchale Deutung: So groß ist die Macht der Frau über den Mann, daß sie ihn mit ihrem erregenden Anblick starr werden läßt. Denn die drei Gorgonen – Medusa und ihre beiden Schwestern – waren nach einer älteren Version des Mythos blendend schön.

NITZSCHKE erschließt aus den Quellenschriften, wie sehr die Inquisitoren den Blick der Hexe fürchteten. Es gab eine Verordnung, die Hexe mit dem Rücken voran dem Richter vorzuführen, um zu verhindern, daß sie ihre Augen auf ihn zuerst richten könne. Männer waren verloren, wenn der Hexenblick sie traf. Die Macht des Bösen Blicks spielt in allen Kulturen eine Rolle, die weltweite Verbreitung aller möglichen Amulette zum Schutz gegen ihn zeugt davon. «Der Blick der Hexe entfaltet seine magische Wirkung, *weil* es sich dabei um den faszinierenden Blick der frühen Mutter handelt. Dieser Blick kann tödlich sein; er kann aber auch zum Leben erwecken.» (NITZSCHKE)

Die Blicke der Frau konnten zu allen Zeiten, an allen Orten als gefährlich und Verderben bringend erlebt werden. Zwei Beispiele aus der Schwarzen Romantik seien zitiert. Die Rosamond des englischen Dichters ALGERNON CHARLES SWINBURNE (1837–1909) lockt bedrohlich: «Ja, ich bin die Frau, die in allen Erzählungen auftritt, das Antlitz, das immer wieder im Antlitz der Geschichte erkannt wird: als Helena, während ich Paris an den Lippen hielt, traf ich Hektor durch den Kopf; als Kressida küßte ich den Mund der Männer auf eine Art, daß sie krank oder wahnsinnig wurden, ich traf sie genau ins Hirn; als Ginevra ließ ich meine Königinnenaugen so kostbar sein und mein feines Haar mit Gold in seinen weichen

Wellen glänzen und machte meinen Mund so honig-
süß für Lancelot.»

Die Königin von Saba in dem Roman «Die Versuchung des heiligen Antonius» von GUSTAVE FLAUBERT
(1821–1880) fordert den Asketen auf, er möge ihr in
die Augen blicken, damit sie zu all jenen Gestalten
werde, die er sich ersehne: «Alle Frauen, die deinen
Weg gekreuzt haben, von dem Mädchen an der Stra-
ßenecke, das unter der Laterne singt, bis zur Patrizie-
rin, die von der Höhe ihrer Sänfte Rosen entblättert,
alle flüchtig erhaschten Gestalten, alle Phantasien deiner Wünsche – du kannst sie verlangen! Ich bin keine
Frau, ich bin eine ganze Welt. Meine Kleider brauchen nur zu fallen, und du wirst an meinem Leibe eine
Fülle von Geheimnissen entdecken.»

In einer Frau allen Frauen zu begegnen, in einem
Mann allen Männern, ist eines der Geheimnisse des
Eros.

«Ich mag Situationen, wenn das Gesicht der Frau undeutlich
ist, wenn sich die Konturen verwischen, wenn ich ein Gesicht
im Zwischenlicht sehe und nicht nur eines, sondern mehrere.
Wenn die Frau viele Gesichter annimmt und sich nicht scheut,
vielgestaltig und unverwechselbar für mich zu sein.»

Was also fürchtet der heilige Antonius? Ich meine, das
vermeintlich Sündhafte des Versprechens der Königin
von Saba könnte in der Verlockung liegen, für die
endlose Zeit eines Augenblicks den Zustand des Un-
geteiltseins zu erfahren.

Verheißung der Ganzheit – das ist die Botschaft des
«guten Blicks». So vermittelt der «Glanz im Auge der
Mutter» dem Kind seine narzißtische Einheit, hebt
Gefühle der Fragmentierung auf und spiegelt das
Kind als körperlich-seelisches Ganzes wider. Diese
sich ergänzenden, ganzmachenden Blicke, das sind

die bewegenden Blicke, die Männer und Frauen tauschen. «Daß es Situationen gibt, in denen die Augen der Partner zugleich ‹Blick› und ‹Brunnen› sind (Blicke, die ‹ineinandertauchen›), ist überraschend nur dann, wenn man die Bewegung und die Tiefe des Tauchens physikalisch mißversteht. Die Gleichzeitigkeit und Gegenseitigkeit von Passivität im ‹blickend angeblickt werden› ist eben ein Abbild des mehr als optischen Zusammenseins, ein wirkliches co-ire. Es gibt eine Nähe, mit der der ‹tiefe Blick› nicht mehr in Wettbewerb treten kann, oder richtiger: in der sich Wahrnehmung als Kommunikation erübrigt. Daß einem dann ‹Hören und Sehen vergeht›, ist wiederum mehr als eine Metapher.» Diese zärtliche Genauigkeit in GÜNTHER ANDERS' Tagebuch – «Notizen zur Geschichte des Fühlens» – hat es mir angetan.

Sicher ist jedem von uns ein solcher Blick schon einmal begegnet, hat jeder von uns schon einmal einen anderen Menschen in dieser Weise berührt. Und wie oft vermeiden wir eine solche Berührung, wenn wir die Augen senken, weil uns die Intensität der «imaginären» Körperströme in der Liebe oder im Haß zu groß wird.

Der «gute» und der «böse» Blick dienten mir als markante Beispiele des Austauschs von Gefühlen jenseits der Worte. Aber natürlich reagieren wir nicht nur mit den Augen, sondern mit allen anderen Sinnen ebenso auf das Fluidum eines anderen Menschen. Der Zusammenfluß der Körperströme ist die untergründige Kommunikation, die unsere Sprache begleitet. Häufig ist sie uns unvertraut, weil sie uns fremd geworden ist. Sie wiederzufinden, ist eine große Bereicherung, weil unsere Wahrnehmung sich dadurch erweitert. Und paradoxerweise gewinnt auch das gesprochene Wort dadurch, es füllt sich auf mit konkreterem Sinn, muß nicht mehr gefühlsentfremdet bleiben. Die Liebe ist eine große Lehrmeisterin, um in diesem Sinne die Vielsprachigkeit unseres Körpers und unserer Seele wiederzufinden.

Auflösung der Individualität

Verschmelzung zweier Körper, Öffnung der Grenzen, Flutung der Polder, Eintauchen in den Primärprozeß, Vertauschung der Geschlechter, Rückkehr ins Amnion, Herbeiführen einer gemeinsamen Schwingung, orgastische Explosion oder Implosion, der kleine Tod, das Unzerteilte – alles Annäherungen an einen Vorgang, der sich der Sprache entzieht.

«Ich habe zweimal in meinem Leben mit Frauen etwas erlebt, wofür ich keine Worte finde. Das erstaunt mich noch heute, weil ich sonst beim Kennenlernen *immer* das Gefühl habe, ich hätte über meine Verbalisierungsfähigkeit eine Bringschuld, also allein meiner körperlichen Präsenz, also wie ich bin, wie ich mich bewege, zu wenig vertraue. Ich brauche eine Stütze, einen Krückstock, noch ein drittes Bein – das ist mein Redenkönnen. Das waren für mich sehr glückliche Erfahrungen, ohne diese Verbalisierungskünste mit meinem Körper, als Mann mit diesem Körper, akzeptiert zu werden. Das war für mich ein wirkliches Glück, diesen Zustand zu erreichen, in dem alle Konturen verschwimmen, alles in Fluß gerät. Und nicht fragen zu müssen, wer sie ist und wer ich bin, was gestern war und was morgen sein wird. Dieses Glück ist nicht herstellbar, es ist nicht abrufbar. Aber wenn es sich einstellt, ist es von einer solchen Intensität, bis hin zu Gefühlen der Auflösung, daß ich es auch als erschreckend empfinde. Es hat auch die Frauen erschrecken lassen, dieses Zusammensein ohne Vorbehalt bis in die Auflösung hinein.»

Dieser Mann spricht von Glück und Erschrecken. Von der Sehnsucht nach und der Furcht vor einem Zustand, in dem alles in Fluß gerät. Auch die Zugehörigkeit zu einem Geschlecht verschwimmt. Die Frau wird ein Mann, der Mann eine Frau, alles geht ineinander. Etwas davon scheint bei Roland Barthes auf: «Jeder Liebende, den der Blitzschlag der Liebe trifft, hat etwas von einer Sabinerin (oder einer beliebigen anderen der berühmten Entführten) an sich . . . der Liebende – derjenige, der geraubt worden ist – ist immer auch gleichzeitig und stillschweigend feminisiert.» (BARTHES)

Das fast zweitausend Jahre alte indische Tantra nennt es eine wesentliche Aufgabe der Frau, dem Mann eine Feminisierung zu ermöglichen. «Hier muß er seine wahrhafte Männlichkeit unter Beweis stellen, eine Männlichkeit, die die Magie der Frau nicht mehr als Gefahr fürchtet und die sich auf aktive Weise ganz der passiven Rolle hingibt, dem Selbstvergessen . . . Dabei entwickelt er seine innere Frau.» (MARGO)

Das Wesen dieser Lehre liegt in der Identität der Gegensätze. Daher spricht Shiva, der hinduistische Gott des Zeugens und des Zerstörens, zu seiner Gemahlin: «Du, oh devi, du, du bist mein wahres Selbst; zwischen dir und mir ist kein Unterschied.»

Das Überschreiten der eigenen Geschlechtsgrenzen wird allenthalben in der indischen Liebesdichtung bejaht. In den Kulten, die die Liebe zwischen Radha und dem Gott Krishna feiern, fordert Krishna eine solche Umwandlung nicht nur von seinen männlichen Anbetern, sondern verkörpert selbst ein Beispiel. Infolgedessen gibt es viele Überlieferungen von indischen Heiligen, die sich in Frauen verwandelten. Amaru, einer der ältesten und größten Liebesdichter des Sanskrit, sei, wie die Legende berichtet, die Inkarnation einer Seele gewesen, die zuvor in den Körpern von hundert Frauen gewohnt hatte. Nammalvar, von dem 370 Liebesgedichte stammen, habe seine Poesie stets mit hoher Frauenstimme vorgetragen. Bei anderen Themen als der Liebe habe er mit seiner tiefen Männerstimme gesprochen. «Narsi Mehta, Nammalvar und zahllose andere, unbekannte Anhänger der Radha-Krishna-Kulte legen Zeugnis ab von der ursprünglichen Sehnsucht des in seiner ‹phallischen› Männlichkeit befangenen und isolierten Mannes, sein heroisches Gehabe abzulegen und sich an der Weiblichkeit – der Frau und der eigenen – zu erfreuen . . . Je mehr Krishna der Illusion eines aus zwei Leibern zusammengeschmolzenen einzigen, hermaphroditischen Körpers erliegt, desto mehr steigern sich gegenseitig die Phantasien der Verwandlung in eine Frau und die sexuelle Erregung, und er ‹erkennt› Radha nicht mit dem Auge, sondern mit dem Fleisch.» (KAKAR/ROSS) Und auch Radha «erkennt» Gott Krishna nicht nur in ihrem, sondern auch mit ihrem Fleisch, indem sie bei der Vereinigung die führende, aktivere, «männlichere» Rolle übernimmt. Diese Kulte verherrlichen das *sexuelle* Besitzen und Besessensein durch einen Gott. Es fällt uns schwer zu verstehen, daß es sich bei diesen Kulten nicht um eine Allegorie für religiöses Ergriffensein von Gott handelt, sondern daß die sexuelle Leidenschaft Religion *ist*: die unio mystica mit dem Göttlichen. Das Verweilen in der Erregung ist Ausübung von Religion.

In einem Interview, das Kurt Eissler 1952 mit ihm führte, sagt WILHELM REICH: «Es ist nicht nur das Ficken, verstehen Sie, nicht die Umarmung, nicht der Geschlechtsverkehr. Es ist die wirkliche emotionale Erfahrung des Verlusts des Ich, des gesamten geistigen

Selbst. Nun, Freud verstand das.» Aber wußte sich gleichzeitig davor zu schützen.

«La petite mort», den kleinen Tod, nennen die Franzosen den Orgasmus. Dieser Ausdruck weist auf etwas Tieferes: auf die emotionale Erfahrung der Ich-Auflösung im «Taumel der Wollust». Das Individuum stirbt, es überspringt die Grenzen des eigenen Körpers. «Das mystische Denken hat in seinen verschiedenen Formen gut auszudrücken vermocht, daß der Selbstverlust und die Selbstverausgabung der Preis ist, den man für das ewige Leben zu entrichten hat.» (Maffesoli)

Der Abstieg ins Unbewußte, das Eintauchen in den Primärprozeß, geschieht in Transzendierung der Ich-Grenzen. Günther Anders fragt darum: «Bezeichnet nicht der Trieb . . . gerade die Grenze, dessen, was das Individuum *als* Individuum ist, die Grenze seiner ‹Abgegrenztheit›?» Die sexuelle Vereinigung kann in eine Welt führen, die von Engeln und Dämonen bewohnt ist, in der Zärtlichkeit und Raserei, Sanftheit und Gewalt, Stille und Sturm benachbart sind. Hier findet sich der verborgene Tunnel, der die eigene innere Landschaft mit der des anderen verbindet, wodurch Innen wie Außen zusammenfallen, zu ein und demselben werden. Hier, meine ich, wird das Freudsche Unbewußte überschritten und das «kollektive Unbewußte» C. G. Jungs betreten.

In dem Augenblick, in dem sich in der Sexualität die Körpergrenzen öffnen, kommen beide Partner, sei es Mann, sei es Frau, sei es ein hetero- oder ein homosexueller Akt, in eine psychische Situation, die beiden gleich vertraut ist: das Einssein des Säuglings mit der Mutter, die «Innigkeit» der Symbiose während der Schwangerschaft. Daraus erwachsen aber auch Gefühle von Risiko und Beängstigung. Denn vor der Wiederbelebung intrauteriner Glückseligkeit stehen – folgt man STANISLAV GROF – die unbewußten Erinnerungen an die eigene Geburt.

Das Ausmaß der Bereitschaft, sich dem Prozeß der Ich-Auflösung und der Fusion mit dem anderen zu überlassen, ist für GROF in Abhängigkeit von den je individuellen Geburtserlebnissen – er unterteilt den Geburtsvorgang in mehrere charakteristische, für die seelische Entwicklung bedeutsame Phasen – zu sehen. Je traumatischer die eigene Geburt, desto bedrohlicher scheint es, den «kleinen Tod» der Individualität auf sich zu nehmen, hineinzutauchen in die Existenz vor der Geburt, um wieder erneut geboren zu werden. Vielen graut es vor dem Abstieg in eine Tiefe, die sie in sich tragen, aber nicht wahrnehmen wollen, die zum Mittelpunkt der Welt führt, durchs Erdinnere hindurch und hinein in die Galaxien, deren Abgrund, bemessen in Zentimetern, jedoch nicht mehr als eine Handbreit umfaßt. Dort ist für BATAILLE der Punkt erreicht, wo im dionysischen Schwindel das Oben und Unten ineinander verschwimmen und wo die Entfernung zwischen dem Ganzen und dem Nichts sich aufhebt.

Doch was kann der «dionysische Schwindel» nicht alles herbeirufen? Welche destruktiven Leidenschaften könnten entfesselt werden? Von Kleists Penthesilea wissen wir, in welche Raserei sie die Liebe zu Achill gestürzt hatte. Sie zerfleischt ihn, Küsse und Bisse, Liebe und Haß nicht mehr unterscheidend.

Im tibetischen Tantra wird es für eine unumgängliche Stufe auf dem Weg der Initianden gehalten, sich mit dem Grauenhaften, das sexuelle Erregung auslösen kann, zu konfrontieren. Die sexuelle Vereinigung mit dem Gott Mahakala, der die Gestalt eines tobenden Ungeheuers annimmt, symbolisiert den entfesselten Kampf mit dem Schrecken und hat zum Ziel, die wachgerufenen Energien kanalisieren zu lernen, sie eben gerade nicht zu verleugnen und zu verdrängen, sondern sie zu integrieren. Die dunkle, dämonische Seite der Sexualität, nach GROF besonders verbunden mit der zweiten und dritten perinatalen Phase (Eröffnungs- und Austreibungsphase) des Geburtsprozesses, wird fast immer beschönigt oder vermieden. Verweigert man ihr aber alles Recht, zum Ausdruck zu kommen, dann nimmt man ihre gewalttätige und unkontrollierbare Rückkehr in Kauf, wie sie sich etwa in der Zunahme sexueller Gewaltverbrechen zeigt.

Nach MAFFESOLI war es in vielen Kulturen die soziale Aufgabe der Frauen, in rituelle Rasereien zu verfallen. «Diese Frauen waren . . . die Hüterinnen der Gemeinschaft, zu deren Verjüngung sie durch ihre Gewaltopfertaten beitrugen . . . Es war für Männer nicht ratsam, diesen Frauen während ihrer rituellen Raserei über den Weg zu laufen.» Eine Variante des Tiresias-Mythos zeigt, daß er geblendet (oder kastriert) wurde, weil er an einer religiösen Zeremonie von Frauen teilnehmen wollte. Für MAFFESOLI ist Tiresias ein Opfer mit symbolischer Dimension: Kastration oder Blendung als Vergeltungsschlag gegen den aufgeklärten und selbstbewußten Geist, der vergessen habe, daß in der Gesellschaft und in der Natur andere als bloß rationale Werte gelten. Ich halte diesen Aspekt zwar für wesentlich, aber nicht für ausreichend. Ich hatte, als zum ersten Mal von Tiresias die Rede war, gesagt, er habe seinen Blick nach innen gekehrt. Die Innenschau des Sehers richtete sich in die Tiefe seines eigenen Inneren, um dort eben jenes Geheimnis, das er verraten hatte, wiederzufinden.

Die Leere,
das Ganze, die Tiefe

Ich will noch einer anderen Assoziation nachgehen: die Augen eines Blinden starren ins Leere, ins Nichts. Ein Nichts mit Rand, das ist ein Loch. Etwa schon wieder die Frau? LUCE IRIGARAY meint, das Weibliche konstituiere sich als Öffnung für den Mann, als Leere, als Nichts. Nicht existent ist die Frau laut JACQUES LACAN. Horcht man in esoterische oder mystische Traditionen hinein, dann bekommt das Nichts, die Leere einen ganz anderen Klang. Auch der Gott der Kabbala ist nicht. Dieses Unmanifestierte besteht nach kabbalistischer Vorstellung aus drei Ebenen, aus Ain, Ain Soph und Ain Soph Aur, den drei Schleiern der negativen Existenz. Ain heißt «nichts», Ain Soph bedeutet «grenzenlos», Ain Soph Aur «grenzenloses Licht». Das «Tibetanische Totenbuch» spricht vom «klaren Licht der Leere». «Gott hat begehrt, Gott zu sehen. Ist nicht dieses sagenhafte Lusterleben eines Nichts, das sich selbst sieht, eben die weibliche Seite Gottes – eines durch das Verschwinden seines Namens ausgezeichneten Gottes.» (BUCI-GLUCKSMANN)

Die Kabbala ging so weit, Gott zu bisexualisieren. Das Buch Zohar setzt die letzten beiden Sephirot, Kraft-Manifestationen des Göttlichen, mit dem Weiblichen gleich. Die zehnte Sephira, die «Shekhina», ist zugleich Braut, Mutter und Tochter Gottes:

«Eine Feminisierung und Bisexualisierung Gottes, bei der der historische Kreislauf des Göttlichen als Auszug Gottes aus sich selbst begriffen wird, als Spur *einer Trennung*, in der das Männliche und das Weibliche als Folge des menschlichen Sündenfalls auseinandergegangen sind. Dieser Riß installiert ein Oben und Unten, ein Weibliches und ein Männliches – die die endgültige Erlösung wieder vereinen soll, indem sie beide Seiten der göttlichen Androgynie wieder vereinigt. ‹Aus Liebe zu Gott und seiner Shekhina.› Das Ziel liegt auch im Ursprung.» (BUCI-GLUCKS-MANN)

Etwas ähnliches klingt bei einem christlichen Mystiker des Mittelalters, MEISTER ECKHART, an: «Es deuchte einem Menschen wie in einem Traume . . . er würde schwanger vom Nichts wie eine Frau mit einem Kinde, und in diesem Nichts ward Gott geboren; der war die Frucht des Nichts. Gott ward geboren in dem Nichts.» Das Nichts trägt Früchte, die Leere ist erfüllt. Ist das nicht endlich der Beweis, daß die Frau dem Göttlichen doch näher steht als der Mann? Hoffentlich geraten nicht allzu viele Feministinnen in die Falle solcher Selbstidealisierung.

Angesichts dieser Lage des Seins konnte vielleicht erst ein geblendeter Tiresias den Blick in den Ursprung voran tun. Ihm hatten die Götter gestattet, je nach Belieben Männer- oder Frauengewänder zu tragen, das heißt, er durfte mit seiner Geschlechtszugehörigkeit spielen. Der indianische «trickster», der Täuscher, der Schelm, darf dies und tut dies auch. Der Schelm vertritt nach C. G. JUNG «das Dunkel». In ihm kristallisiert sich die Gewalt, die sich im tobenden Eros auslebt. Und doch ist er verbunden mit dem Licht, wenn wir nämlich den Narren aus dem Tarot der kabbalistischen Tradition hinzunehmen, der in

Verbindung steht mit Ain Soph Aur, dem grenzenlosen Licht.

Wer mir noch ein kleines Stück folgt, wird verstehen, worum es mir geht: nämlich um die Sehnsucht nach einer Erfahrung des Ungeteilten, wo Licht und Finsternis nicht voneinander geschieden sind, ebensowenig wie Ursprung und Gegenwart, Denken und Sein, Mann und Frau, Ich und Du.

Auch Dionysos, der Gott des Weines, des Rausches, des Wahns, der Mänaden, hat einen wenig bekannten Beinamen: «Der Unzerteilte», der einen ganz wichtigen Aspekt seiner Wirkung zeigt. Und damit wird er auch, so paradox das klingen mag, für MICHEL MAFFESOLI zu einem Prinzip der Ordnung: «Dionysos, Gottheit des Gesträuchs (der Rebe), das Bindezeichen zwischen Erde und Himmel, fungiert als pantheistisches Symbol der Weltachse, an der sich die gesellschaftliche Organisation ausrichtet ... Dionysos ist in der Tat gewissermaßen das Verbindungsstück zwischen Natur und Kultur; er hält den Zugang zum Bereich der Instinkte offen und verankert das Gemeinschaftsleben in tieferliegenden Schichten.»

Der eigentliche Sündenfall besteht nach meinem Verständnis nicht darin, die verbotene Frucht vom Baume der Erkenntnis gegessen und einander in der Gespaltenheit von Mann und Frau «erkannt» zu haben, sondern in der bereits in frühester Zeit entstandenen Gleichsetzung von «Frau» und «Natur». Diese Gleichsetzung gestattete zum einen die Beherrschung und Ausbeutung der Frau, ihre Herabsetzung auf kulturell primitivere Stufen. Zum anderen ließ das Dogma «Frau gleich Natur» die Konzeptualisierung einer weiblichen Ur-Allmacht zu, die sich sowohl Männer wie Frauen zu eigen machten und jeweils, entsprechend den eigenen Zwecken, ideologisch einsetzten.

Ich möchte es dagegen mit Mircea Eliade halten: «Bevor die Erde als eine Mutter vorgestellt worden war, wurde sie als eine rein kosmische, schöpferische Macht ungeschlechtlich oder, wenn man dies vorzieht, übergeschlechtlichen Charakters empfunden . . . Die ‹Weiblichkeit›, wie übrigens auch die ‹Männlichkeit›, ist schon eine besondere Form des Seins. Und für das mythische Denken geht solcher besonderen Form mit Notwendigkeit eine *ganzheitliche* Seinsweise voraus . . . Man könnte diesen Urzustand als *neutrale und schöpferische Ganzheit* bezeichnen.»

Der «Urzustand», das «Davorliegende», das paradiesische Sein vor dem «Sündenfall» beschäftigt die Menschheit immer wieder. Ich stimme Reimut Reiche zu, für den alle mythologischen, religiösen, wissenschaftlichen und politischen Anstrengungen, diesen Urzustand zugunsten eines Primats des Männlichen oder des Weiblichen aufzulösen, Ideologie sind: Sie «markieren selbst Positionen der Erlangung oder Sicherung sozialer Herrschaft.»

Ich komme immer wieder auf eine Erklärung zurück: die Spaltung als Mittel des Beherrschens. Was soll durch die Spaltung der Welt in männlich und weiblich beherrscht werden? Die in mythischer Vorzeit gelegene, möglicherweise nie voll erlebte, nur mit Sehnsucht und Grauen in mythologischen Bildern aufblitzende schöpferische Ganzheit des Seins, das Chaos. «So könnte man sagen, das Chaos stellte die vollkommene Ganzheit und folglich auch die Androgynie dar. Die Trennung von Himmel und Erde bezeichnet zugleich das kosmogonische Ereignis schlechthin und das Zerbrechen der ursprünglichen Einheit.» (Eliade)

Chaos, Nichts weisen auf die schöpferische Kraft

der Leere hin, die wir nicht fassen können und wohl auch fürchten.

Häufig benutzen psychoanalytische Fallbeschreibungen Bilder der Leere, die ausschließlich negativ gefaßt ist: der Patient sei «narzißtisch entleert», «depressiv ausgehöhlt», «wie eine leere Hülse». Beschreibungen mit solchen negativen Konnotationen treffen sicher zu, sie umreißen etwas, das vielleicht auch deshalb ins Pathologische abgeschoben wird, weil Leere nicht sein darf. In einer Zivilisation der Überfülle wird Leere für gewöhnlich als Bedrohung erlebt, nur äußerst selten dagegen als Ausdruck besonderer Lebendigkeit und Aufnahmebereitschaft.

Haben Frauen es auf Grund ihres Körpers leichter, Leere zu fühlen? Ein körperliches Klaffen, das im psychischen Erleben in einen unbegrenzten Innenraum hineinführt, in dem sie selbst und andere sich verlieren können? Unterstellt man ihnen deshalb, sie wollten ständig gefüllt werden, um den Zugang zum Chaotischen nicht allzulange offenzuhalten?

Wir befinden uns auf heiklem Gebiet. Zeigen uns doch die Ängste der Frauen – wie bei den Männern – eine mangelhaft entwickelte Sensibilität für die Tiefendimension körperlichen wie psychischen Erlebens. Natürlich ist das Genitale, das Körperinnere einer Frau begrenzt und umschrieben. Je weniger sie es sich jedoch aneignen konnte, desto schwerer wird es ihr fallen, ihre inneren Grenzen wahrzunehmen, an der Grenze entlang zu empfinden, aber die Grenzen hin und wieder auch aufzuheben, Grenzenlosigkeit zuzulassen, sich darin zu verlieren und wiederzufinden, die Tiefe unversehrt hinter sich zu lassen und wieder aufzutauchen, vielleicht in neuer Gestalt. Wenn eine Frau den Umgang mit ihren inneren Grenzen nicht erlernen konnte, wird sie die Tiefe als einen klaffenden Schlund fürchten, der sie und den Partner zerstören und in eine unbekannte Leere hineinziehen oder hinausschleudern wird. Sie wird die endgültige Vernichtung fürchten.

Dasselbe gilt für den Mann, dem sein eigenes Körperinnere fremd ist, den seine eigene Tiefe ängstigt. Diese Tiefe kommt ihm dann auf besonders bedrohliche Weise in der Frau entgegen. So wird er es vermeiden, hinabzusteigen in einen unbekannten Abgrund, den er ein einziges Mal in umgekehrter Richtung unter vielen Mühen durchwandert hat. Und er wird den Aufenthalt in der Unterwelt seines eigenen und des weiblichen Körpers möglichst einschränken, um nicht gefangen zu bleiben oder gar verschlungen zu werden von gewaltigen Ungeheuern, von denen er nicht weiß, ob sie in seinem Inneren oder in dem der Partnerin hausen.

Und so droht auch ihm die Vernichtung. Er ahnt nicht, daß die Bereitschaft, sich selbst aufzugeben, zunichte zu werden in dieser Tiefe des eigenen und des fremden Körpers, ihm jene Ganzheit vorübergehend bescheren wird, die er verloren hat und die er in vielfältiger Weise immer wieder sucht. Oder ahnt er es doch?

«Ich habe eine Ahnung, was mir als Ziel vorschwebt. Die Ahnung kann ich nur in Gefühlszuständen ausdrücken. Gelassenheit, Gelassenheit in der Lust. Das ist eine Gefühlslage, die es nicht gibt. Weder bei mir, noch würde ich das bei den meisten anderen Männern sehen. Also Gelassenheit heißt nicht, beruhigt sein oder weg von den Emotionen, sondern es ist eine Gelassenheit auch in der Explosion, auch im Ausbruch. Und diesen Ausbruch gelassen durchleben.»

Mag man sich der Leere, dem Nichts, dem Chaos überlassen, dem Klaffen der Abgründe? «Eben das ist die Wunde der Liebe: ein ‹gierendes Klaffen› (bis zu den ‹Wurzeln› des Seins), dem es nicht gelingt, sich zu schließen, und dem das Subjekt entströmt und sich in diesem Ausströmen erst eigentlich konstituiert», sagt ROLAND BARTHES.

Und wenn wir dann noch hören, daß Eros in einer Version des Mythos der Sohn des Chaos ist, ist zumindest auf der assoziativen, primärprozeßhaften Ebene die Verbindung von Chaos und erotischem Erleben hergestellt. Ist Chaos Liebe? Daß Liebe Chaos sein kann, ist uns schon eher geläufig. In der Erotik wagen wir den Sprung ins Nichts, oder wir nehmen Abstand davon. Daß wir von dort aufs reichste beschenkt zurückkehren mögen, reicht als Verlockung oft nicht aus. Doch Ängstlichkeit und Zögerlichkeit sind auf dem Weg dorthin allemal die besseren, zuverlässigeren Gefährten als eine lauthals dahermarschierende «Eros, erwache!»-Kohorte, die in irgendwelchen WORKSHOPS die Regeln für den rechten Weg in die Unendlichkeit anzubieten hat.

Im russischen Märchen «Von den Goldäpfeln und dem Wasser des Lebens» kommt der Held an einen Scheideweg und vernimmt: «Reitest du nach rechts, so wirst du dich selbst retten und dein Pferd verlieren. Reitest du geradeaus, so sollst du ein Weib freien. Reitest du nach links, so wirst du dein Pferd retten und dich selbst verlieren.» Es ist immer die dritte Entscheidungsmöglichkeit, der Weg nach links, den der wahre Held, stets der jüngste von drei Söhnen, zu wählen hat: Er wird sich selbst verlieren, um sein Pferd zu retten, sein Pferd, verstanden als das Sexuelle, Triebhafte, Vitale, das, anders als die Individualität, gerettet werden muß, um die Welt zu erhalten. «Das mystische Denken hat in seinen verschiedenen Formen gut auszudrücken vermocht, daß der Selbstverlust und die Selbstverausgabung der Preis ist, den

man für das ewige Leben zu entrichten hat.» (MAFFE-
SOLI)

Wo finde ich mich wieder? Etwa in den modischen
Gefilden einer mythologisierten Neuen Sinnlichkeit,
unter dem Diktat eines entpolitisierten Lustbegriffs
zwischen «erotisierter Religion» und «obszöner Erotik» mit der Gefahr eines unkritischen Rückzuges ins
«Romantisch-Religiöse»? Allenthalben ist eine «Mystifikation des Sexuellen» zu beobachten, ein «Kult des
Obszönen», gegen den andererseits eine fast verknif-
fen moralisierende, sehnsüchtig der Zeit der politi-
sierten Sexrevolte nachtrauernde Linke angeht, für
die «Kameradschaft [zwischen den Geschlechtern]
und eine davon geprägte undramatische Sexualität»
(HEIDER) als Ideal typisch zu sein scheint.

Weder mit der einen noch mit der anderen Seite
weiß ich etwas anzufangen. Zum einen ist, vielleicht
aus Überdruß am frustrierenden politischen Alltag,
ein völliger Rückzug ins Private zu befürchten, bei
dem nicht einmal bewußt wird, wie sehr erwünscht
ein solcher Kult der Sinnlichkeit gerade ist, um die
«ozeanische Leerzeit», wie GÜNTHER ANDERS die zunehmende Freizeit in der hochindustrialisierten Gesellschaft nennt, zu füllen. Die Feier des Heiligen Eros
als Modeerscheinung in aller Munde, ein Kult, der
seine Adepten zwingt, Gefühle, die sie vielleicht gar
nicht haben, dennoch zu empfinden. Um immer da-
beizusein, wird brav mitgespielt. Um nicht herauszu-
fallen aus der Szene, entdeckt man lieber auch das
Dämonische der eigenen Sexualität, und sei's in der
Untiefe eines Videoclips.

Der andere Standpunkt ist mir ebenso problematisch, wenn auch auf andere Weise. Hier erscheint
mir vieles allzu «aufgeklärt», alle Ängste wegrationa-
lisierend, viele profunde Erlebnisweisen diskriminie-

rend. Das Ergebnis, eine kameradschaftliche und undramatische, alle Auflösungsängste und Entgrenzungssehnsüchte, aber auch alle aggressiven Gefühle vermeidende Sexualität, ist ein neuer Sieg restriktiver Moral, allerdings im Gewande politischer Progressivität.

Den Körper sich zu wahren als Ort, an dem Sinnlichkeit und Transzendenz zusammenfallen, identisch werden, ist unter all den Modediktaten schon ein Kunststück. Dazu müssen beide Partner in der erotischen Erregung die Grenzen ihres Selbst durchlässig machen, dennoch sich selbst und den anderen besonders deutlich fühlen und wissen, daß sie sich für diesen Zustand gegenseitig brauchen. Ein paradoxes Geschehen, in dem das Gefühl für den eigenen Körper, die eigene Individualität ebenso geschärft wird wie das Gefühl der Überschreitung der Körpergrenzen und der Individualität.

Die Dimension der Tiefe im körperlichen wie im seelischen Erleben scheint mir entscheidend zu sein für die Möglichkeit, Sinnlichkeit und Transzendenz in einem zu erfahren. Für Männer wie für Frauen. Doch ist für den Mann diese Tiefendimension noch unvertrauter, noch beängstigender als für die Frau. Er hat gelernt, seine Sinnlichkeit nach außen zu verlagern, sichtbar vor sich herzutragen. Sein Körperinneres ist ihm fremd. Wenn er es überhaupt wahrnimmt, fühlt er sich weibisch. Der Zugang in die eigene Tiefe ist ihm blockiert, Stein um Stein müßte er wegrollen. So richtet er seinen Blick doch lieber wieder nach außen. «Okularterrorismus», das Gesetz der Sichtbarkeit aller Lust in einer männlichen Gesellschaft, nennen BRUCKNER UND FINKIELKRAUT diese Tendenz nach außen. Auch das ist eine Form des «Bösen Blicks», wenn nur das Sichtbare wahrgenommen werden darf, wenn nur das Sichtbare Wert hat und all das Unsichtbare in der Tiefe des Körpers und damit der Seele zu einer Schattenexistenz verurteilt bleibt. Je schwindelnder die geistigen Höhen, desto abgründiger für den Blick die Tiefe.

Ich setze Tiefe nicht mit Weiblichkeit gleich. Das wäre zu einfach und also falsch. Denn Tiefe ist eine Dimension im Erleben, ein Modus der Selbsterfahrung. Das läßt sich nicht für nur ein Geschlecht reserviert halten. In unsere Tiefe müssen wir alle hineingehen. Die Tür zu den Verliesen läßt sich öffnen. Auch der Mann steigt Stufe um Stufe hinab. Sein Auftrag lautet: «Gehe dahin, weiß nicht wohin; hol mir das, ich weiß nicht was.» Ohne Fackel, nur mit Hilfe all seiner ungeübten Sinne steigt er hinab in die Tiefe. Unten angekommen wird er eine Fackel finden, die tausendmal schöner brennt als alle die anderen, die er entzündet hatte. Jetzt weiß er, was das ist, das Ich-weiß-nicht-was. Vielleicht wird er sein Pferd wiederfinden und auch die Frau. Denn die war auch aufgebrochen.

Epilog

Im Laufe meines Lebens habe ich viele Liebespaare geliebt: eines der ersten war Tristan und Isolde. Es zerriß mir das Herz, welche Entsagungen sie auf sich nahmen, um ihrer Liebe zu leben, und wie vergeblich alle Versuche waren, die Liebe zu überwinden. Oder Merlin und die Nymphe Viviane, von der sich der Zauberer bannen und in eine Hecke verstricken ließ, trotz seiner großen Weisheit – oder gerade wegen seiner Weisheit? Shiva und Shakti, einer den süßen Atem des anderen trinkend; Ischtar und Tamuz-Dumuzi – der Wunderbare, um den die Frauen weinen.

Aber mein absolutes Liebespaar ist Salomo und die Königin von Saba.

Sie, die Herrin eines reichen Landes im Süden Arabiens, entzückt von dem, was über den fernen König an ihr Ohr dringt, bricht auf, um diesem Mann zu begegnen, diesem Weisen und Dichter, dessen Lieder die irdische und die himmlische Liebe preisen. Sie ahnt, daß er ihr ebenbürtig ist, spürt, daß sie ihn lieben wird. Vielleicht wird es ein Kind aus dieser Begegnung geben, aber das ist unwichtig. Wichtig ist jetzt nur die Begegnung, um all das in Salomo zu erkennen, was die andere Hälfte der Welt ist. Sie fühlt sich frei, diese Begegnung zu wollen, wie sie auch den Abschied wollen wird, um in ihr Reich zurückzukehren.

Sie ist eine Frau, kein Mädchen mehr. Er ist kein Jüngling mehr, sondern ein Mann. Vielleicht läßt sie einen Gatten zurück? Aber das ist unwichtig, von ihrem Gatten wissen wir nichts. Sie ist die Königin. Salomo, das wissen wir, hat viele Frauen. Bei ihnen hat er erfahren, wie vielgestaltig die Liebe sich anfühlen, welche Bilder sie hervorzaubern kann, er preist sie in seinen Versen. Doch angezogen wird er jetzt von dieser Frau, die ihr Land für viele Tage anderen anvertraut hat, um ihm gegenüberzutreten.

Sie ist nicht mehr jung. Sie hat Macht. Sie ist klug in der Führung ihres Reiches. Wohl ist sie noch schön, aber die Kraft ihrer Anziehung kommt anderswoher. Salomos Gefolge ist beunruhigt. Sie sei eine Zauberin, munkelt man, eine Hexe. Nur böse Mächte können den weisen König so zu dieser Frau hintreiben, noch ehe er sie von Angesicht erblickt hat. Trügerisch, heißt es, verhülle sie mit langen Gewändern das Schandmal ihrer dämonischen Abkunft: mit Hufen und Haaren zwei Füße der Ziege.

König Salomo seufzt. Sollen sie doch schwatzen, die Narren. Sollen sie doch ihre Mäuler wetzen, die Höflinge. Aber er weiß, die bösen Zungen werden nicht ruhen, bis es am Tag ist und alle mit eigenen Augen gesehen haben, ob die Königin auf Füßen der Ziege steht, wie Dämonen es tun, oder ob sie bis zu den Fersen und Zehen als Weib befunden wird, wie alle Weiber sind.

Der König ersinnt eine feine List. Zur Kühlung läßt er den Boden des Saales, darin die fremde Majestät empfangen wird, mit Rosenwasser bedecken, wohl zwei Finger tief. Und richtig, als die Königin kommt, bemerkt sie das Wasser, hält inne, doch dann rafft sie ihr Gewand, und alle erblicken zierliche Frauenfüße – bekleidet mit weißen Strümpfchen. Das Gefolge atmet erleichtert auf: Salomo ist nicht einer Hexe erlegen.

Doch weiß der König: wie leicht hätte sie sich mit zauberischer Kraft Menschenfüße wachsen lassen können. Und auch das weiß der König: ob Dämon, ob Frau, sie hat ihn gewonnen. Was immer ihm die Königin von Saba im Schlafgemach gezeigt hat, er hat sie geliebt.

Dank

Als Psychoanalytikerin arbeite ich mit Einzelpersonen und mit Paaren. Ich erfahre von ihnen viel über ihre Liebe und ihren Alltag, über ihre Ängste, Sorgen und Nöte damit. Aus einer langjährigen Ehe und meinen anderen Beziehungen kenne ich diese Ängste und Nöte. Ich habe Freundinnen, ich habe Freunde. Mit allen habe ich, mehr oder weniger intensiv, Fragen und Antworten über die Liebe, vor allem auch die körperliche Liebe, durchgespielt.

Ich möchte hier all jenen meinen Dank aussprechen, die mich bereichert und angeregt und es mir damit möglich gemacht haben, einige, sicher unvollkommene Gedanken über die Liebe in diesem Buch auszuführen.

Ganz besonders danke ich auch meinen Interviewpartnern, die es mir gestattet haben, Passagen aus den Gesprächen mit ihnen hier wiederzugeben.

Literatur

ANDERS, G.: Die Antiquiertheit des Menschen, Bd. 2. München 1980

ANDERS, G.: Lieben gestern. Notizen zur Geschichte des Fühlens. München 1986

AVALON, A.: Die Schlangenkraft. Die Entfaltung schöpferischer Kräfte im Menschen. Bern/München/Wien 1975.

BARTHES, R.: Fragmente einer Sprache der Liebe. Frankfurt 1984

BETTELHEIM, B.: Die symbolischen Wunden. München 1975

BEYER, R.: Die Königin von Saba. Bergisch-Gladbach 1987

BORNEMAN, E.: Das Patriarchat. Ursprung und Zukunft unseres Gesellschaftssystems. Frankfurt 1979

BRAUN, CHR. V.: Nicht ich. Die Logik der Hysterie. Frankfurt 1985

BRUCKNER, P.; FINKIELKRAUT, A.: Die neue Liebesunordnung. München/Wien 1979

BUCI-GLUCKSMANN, CHR.: Walter Benjamin und die Utopie des Weiblichen. Hamburg 1984

DEUTSCH, H.: Psychologie der Frau, Bd. 1 u. 2. Berlin 1948

ELIADE, M.: Mythen, Träume und Mysterien. Salzburg 1961

ELLIS, H.: Geschlechtstrieb und Schamgefühl. Würzburg 1907

FERENCZI, S.: Schriften zur Psychoanalyse, Bd. 1. Frankfurt 1970

FERENCZI, S.: Schriften zur Psychoanalyse, Bd. 2. Frankfurt 1972

FIRESTONE, S.: Frauenbefreiung und sexuelle Revolution. Frankfurt 1975

FOUCAULT, M.: Sexualität und Wahrheit. Frankfurt 1977

FREUD, S.: Drei Abhandlungen zur Sexualtheorie. Gesammelte Werke (GW), Bd. 5, 1905. London 1942

FREUD, S.: Zwangshandlungen und Religionsübungen. GW, Bd. 7, 1907. London 1941

FREUD, S.: Beiträge zur Psychologie des Liebeslebens. I. Über einen besonderen Typus der Objektwahl beim Manne. II. Über die allgemeinste Erniedrigung des Liebeslebens. GW, Bd. 8, 1910/1912. London 1943

FREUD, S.: Das Motiv der Kästchenwahl. GW, Bd. 10, 1913. London 1946

FREUD, S.: Beiträge zur Psychologie des Liebeslebens. III. Das Tabu der Virginität. GW, Bd. 12, 1918. London 1947

FREUD, S.: Das Unheimliche. GW, Bd. 12, 1919. London 1947

FREUD, S.: Die infantile Genitalorganisation. GW, Bd. 13, 1923. London 1940

FREUD, S.: Das Unbehagen in der Kultur. GW, Bd. 14, 1930. London 1948

FREUD, S.: Über die weibliche Sexualität. GW, Bd. 14, 1931. London 1948

FREUD, S.: Neue Folge der Vorlesungen zur Einführung in die Psychoanalyse. GW, Bd. 15, 1933. London 1940

FREUD, S.: Briefe 1873–1939, Frankfurt 1968

FRIEDAN, B.: Der Weiblichkeitswahn oder Die Selbstbefreiung der Frau. Reinbek 1970

GAMBAROFF, M.: Utopie der Treue. Reinbek 1984

GEBSER, J.: Ursprung und Gegenwart. Schaffhausen 1978

GLASER, H.: Sigmund Freuds Zwanzigstes Jahrhundert. Seelenbilder einer Epoche. München/Wien 1976

GOLDBERG, H.: Der verunsicherte Mann. Wege zu einer neuen Identität aus psychotherapeutischer Sicht. Reinbek 1977

GROF, ST.: Geburt, Tod und Transzendenz. München 1985

HEIDER, U. (Hg.): Sadomasochisten, Keusche und Romantiker. Vom Mythos Neuer Sinnlichkeit. Reinbek 1986

HERTOFT, P.: Orgasmus und Nähe. In: Nørretranders, T. (Hg.): Hingabe. Über den Orgasmus des Mannes. Reinbek 1983

HORNEY, K.: Flucht aus der Weiblichkeit. In: Int. Ztschr.f.PSA, 12, 1926

HORNEY, K.: Die Angst vor der Frau. In: Int.Ztschr. f.PSA, 18, 1932

HORNEY, K.: Die Verleugnung der Vagina. In: Int. Ztschr.f.PSA, 19, 1933

ILLICH, I.: Genus. Zu einer historischen Kritik der Gleichheit. Reinbek 1983

IRIGARAY, L.: Speculum. Spiegel des anderen Geschlechts. Frankfurt 1980

JENSEN, O. ST.: Körperpsychologie und Orgasmus. In: Nørretranders, T. (Hg.): Hingabe. Über den Orgasmus des Mannes. Reinbek 1983

Jones, E.: Über die Frühstadien der weiblichen Sexualentwicklung. In: Int.Ztschr.f.PSA, 21, 1935

Kakar, S., und Ross, J.: Über die Liebe und die Abgründe des Gefühls. München 1986

Kestenberg, J.: Outside and Inside, Male and Female. Int.J. Amer.Psa. Ass., 1968

Klein, M.: Die Psychoanalyse des Kindes. Wien 1932, München 1972

Krafft-Ebing, R.: Psychopathia Sexualis. München 1984

Krüll, M.: Freud und sein Vater. Die Entstehung der Psychoanalyse und Freuds ungelöste Vaterbindung. München 1979

Lacan, J.: Schriften Bd. 1. Olten/Freiburg 1973

Lanzelot und Ginevra. Ein Liebesroman am Artushof. Den Dichtern des Mittelalters nacherzählt von Ruth Schirmer. Zürich o. J.

Leuenberger, H. D.: Schule des Tarot II. Der Baum des Lebens. Freiburg 1982

Lohmann, M.: Sexualität heute. Widersinnige Rede über ein Unding. In: Ziehe, Th.; Knödler-Bunte, E. (Hg.): Der sexuelle Körper. Ausgeträumt? Berlin 1984

Maffesoli, M.: Der Schatten des Dionysos. Zu einer Soziologie des Orgiasmus. Frankfurt 1986

Mandel, G.: Das Reich der Königin von Saba. München/Zürich 1978

Margo, A.: Tantra: Weg der Ekstase. Die Sexualität des neuen Menschen. Meinhard-Schwebda 1982

Meister Eckhart: Ewigkeit inmitten dieser Zeit. Hg. v. K. Johne. Zürich 1983

Metz-Glöckel, S. und Müller, U.: Der Mann: Die «Brigitte»-Studie. Weinheim 1986

Mitchell, J.: Psychoanalyse und Feminismus. Freud, Reich, Laing und die Frauenbewegung. Frankfurt 1976

Mosse, G. L.: Nationalismus und Sexualität. Bürgerliche Moral und sexuelle Normen. München 1985

Müller, J.: Ein Beitrag zur Frage der Libidoentwicklung des Mädchens in der genitalen Phase. In: Int. Ztschr.f.PSA, 17, 1931

Nitzschke, B.: Männerängste, Männerwünsche. München 1980

Nitzschke, B.: Der eigene und der fremde Körper. Bruchstücke einer psychoanalytischen Gefühls- und Beziehungstheorie. Tübingen o. J.

Nørretranders, T. (Hg.): Hingabe. Über den Orgasmus des Mannes. Reinbek 1983

Pilgrim, V. E.: Manifest für den freien Mann. Reinbek 1983

Praz, M.: Liebe, Tod und Teufel. Die Schwarze Romantik. München 1960

Pross, H.: Der Deutsche Mann. In: «Brigitte», 10/1977

Pross, H.: Die Männer. Reinbek 1978

Rank, O.: Das Trauma der Geburt und seine Bedeutung für die Psychoanalyse. Leipzig/Wien/Zürich 1924

Reich, W.: Funktion des Orgasmus. Köln 1969

Reich, W.: Über Sigmund Freud. Berlin 1969

Reich, W.: Charakteranalyse. Köln 1970

Reiche, R: Mann und Frau. In: «Psyche», 40, 1986

Rentmeister, C.: Frauenwelten – Männerwelten. Opladen 1985

Rotter, L.: Zur Psychologie der weiblichen Sexualität. In: Int. Zeitschr.f.PSA, 20, 1934

Russische Volksmärchen. Erzählt von A. N. Tolstoi. Berlin 1953

Schubart, W.: Religion und Eros. München 1966

Sherfey, M. J.: Die Potenz der Frau. Köln 1974

SIGUSCH, V.: Vom Trieb und von der Liebe. Frankfurt 1984a

SIGUSCH, V.: Die Mystifikation des Sexuellen. Frankfurt 1984b

SCHMIDT, G.: Das große DER DIE DAS. Über das Sexuelle. Herbstein 1986

SCHREIBER, M.: Vom Dynamo zum Schlaffi? In: «Der Spiegel», 14/1987

SCHWARZER, A.: Der kleine Unterschied und seine großen Folgen. Frauen über sich, Beginn einer Befreiung. Frankfurt 1975

THEWELEIT, K.: Männerphantasien, Bd. 1 u. 2. Frankfurt 1977

THRYSØE, W.: Die Intensität des männlichen Orgasmus. In: Nørretranders, T. (Hg.): Hingabe. Über den Orgasmus des Mannes. Reinbek 1983

VANGGAARD, TH.: Phallos, Eros und Macht. München 1979

VINTERBERG, S.: Die «neuen Männer» und die alte Sehnsucht. In: Nørretranders, T. (Hg.): Hingabe. Über den Orgasmus des Mannes. Reinbek 1983

WEININGER, O.: Geschlecht und Charakter. Eine prinzipielle Untersuchung. Wien/Leipzig 1903

ZACHARIAS, G.: Satanskult und Schwarze Messe. Wiesbaden 1964

zu zweit

ro
ro
ro
SACHBUCH

C 2377/2

Frauen schreiben für Frauen ...

Eine
Auswahl

ro ro ro SACHBUCH

C 2182/5

Körpererfahrung

sachbuch
ro
ro
ro

C 2163/5

Satt, aber hungrig

rororo
SACHBUCH

C 2369/1

Medizin und Gesundheit

Paavo Airola
Natürlich gesund
Ein praktisches Handbuch biologischer
Heilmethoden (8314)

Allan Knight
Asthma und Heuschnupfen
Erkennen – lindern – heilen
(8412)

Shitsuto Masunaga/Wataru Ohashi
Shiatsu
Theorie und Praxis der japanischen
Heilmassage (8416)

Claudia Reuße/Martina Holler
Menstruation
Eine Begegnung mit uns selbst
(8401)

Ulrich Sollmann
Bioenergetik in der Praxis
Streßbewältigung und Regeneration
(8484)

**Eine
Auswahl**

(8349)   (8422)

SACHBUCH
rororo

C 2364/1